LORD BACON

PAR

JUSTUS DE LIEBIG

TRADUIT DE L'ALLEMAND

PAR

PIERRE DE TCHIHATCHEF

MEMBRE CORRESPONDANT DE L'INSTITUT DE FRANCE
MEMBRE ASSOCIÉ DE L'ACADÉMIE DE BERLIN, ETC.

*Amicus Plato, amicus Aristoteles,
sed magis amica Veritas.*

ÉDITÉ PAR L. GUÉRIN

VENTE ET DÉPOT A LA

LIBRAIRIE THÉODORE MORGAND

54, RUE BONAPARTE, A PARIS

1866

LORD BACON

PAR

JUSTUS DE LIEBIG

Paris. — Imprimerie de P.-A. BOURDIER et Cⁱᵉ, rre des Poitevins, 6.

LORD BACON

PAR

JUSTUS DE LIEBIG

TRADUIT DE L'ALLEMAND

PAR

PIERRE DE TCHIHATCHEF

MEMBRE CORRESPONDANT DE L'INSTITUT DE FRANCE
MEMBRE ASSOCIÉ DE L'ACADÉMIE DE BERLIN, ETC.

Amicus Plato, amicus Aristoteles,
sed magis amica Veritas.

ÉDITÉ PAR L. GUÉRIN

VENTE ET DÉPOT A LA

LIBRAIRIE THÉODORE MORGAND

5, RUE BONAPARTE, A PARIS

1866

A SIR RODERICK J. MURCHISON

Mon cher ami,

Je ne crois pas pouvoir vous donner une plus grande preuve tout à la fois de mon estime et de la haute idée que j'ai de votre impartialité, qu'en plaçant sous votre patronage un livre destiné à ruiner l'une des plus grandes et des plus anciennes illustrations de l'Angleterre.

Dans votre noble pays, que j'apprécie à l'égal de

ses propres enfants, et où je serais heureux de vivre et de mourir, — s'il avait un peu plus de soleil et un peu moins de brouillard, — nul ne possède autant que vous le privilége de représenter le sublime cosmopolitisme du talent et de la science. A l'exemple de notre illustre ami *Alexandre de Humboldt*, de glorieuse mémoire, vous vous êtes acquis ce privilége, non-seulement en élargissant le cercle des connaissances humaines, mais aussi en vous faisant personnellement aimer et vénérer de tous les membres de la grande famille européenne; car, comme lui, vous êtes allé vous asseoir au foyer domestique des penseurs et des travailleurs de tous les pays, et, comme lui, vous êtes devenu le tribunal vivant vers lequel tournent leurs yeux tous ceux qui réclament défense, protection ou encouragement, sans distinction de nationalité, de culte, de langage et d'opinion. Voilà pourquoi j'ai cru pouvoir me dispenser de toute autorisation préalable de votre part pour vous dédier ma traduction du *Bacon* de M. de *Liebig*, tant j'ai la certitude de trouver en vous un juge impartial et généreux. D'ailleurs, quand bien même ce juge me condamnerait, il n'en conservera pas moins un inébranlable ami et un sincère admirateur dans la personne de celui qui est votre dévoué

P. DE TCHIHATCHEF.

Florence, le 15 mai 1866.

PRÉFACE DU TRADUCTEUR

Le travail que je soumets aujourd'hui à la bienveillance des lecteurs éclairés m'a été inspiré non-seulement par le désir de donner une publicité plus étendue à un écrit important, sorti de la plume d'une des plus hautes célébrités scientifiques de notre siècle, mais encore par le sentiment de satisfaction bien vive que l'on éprouve à retrouver, dans les opinions publiquement formulées par un homme d'autorité, ce que depuis longtemps on avait reconnu soi-même, sans oser le dire ouvertement et sans posséder le moyen de le démontrer.

En effet, dans le cours de mes travaux sur l'Asie Mineure, il m'arrivait souvent de quitter le domaine des sciences naturelles, pour me livrer à des excursions plus ou moins longues dans le domaine de l'histoire et de l'érudition, afin d'y recueillir les témoignages du passé, en ce qui concerne les divers éléments physiques qui constituent cet intéressant et classique pays, et de constater ainsi jusqu'à quel point ces éléments, tels qu'ils s'étaient offerts à mes observations, avaient été connus des écrivains de l'antiquité et du moyen âge, et quelles modifications ils avaient pu subir par l'action combinée du temps et des hommes. Ce furent surtout les naturalistes et les voyageurs du moyen âge, notamment ceux des treizième, quinzième et seizième siècles, qui fixèrent mon attention, parce que les sciences naturelles, très-imparfaitement cultivées par les anciens, avaient pris dans ces siècles un essor particulier, et se trouvaient favorisées par l'esprit aventureux qui semblait pousser irrésistiblement les hommes à l'exploration des contrées les plus lointaines et les moins connues. Or, dans ces études, une chose m'avait toujours profondément frappé, à savoir : la stérilité et la complète insignifiance des écrits de *Bacon*, comparés non-seulement à ceux de ses contemporains, mais même à ceux de ses devanciers de plus de trois siècles, comme *Albert le Grand*, si judicieusement apprécié par M. *Pouchet*[1]. Toutefois, n'ayant ni le temps, ni l'intention de me livrer à un examen ap-

---

1. Voyez l'excellent ouvrage de ce savant, intitulé : *Histoire des Sciences naturelles au moyen âge, ou Albert*

profondi des nombreux volumes qui composent les œuvres complètes de *Bacon*, j'avais cru devoir admettre que ma connaissance trop limitée, trop fragmentaire de ces dernières, était la seule cause de l'idée désavantageuse que je m'étais formée de l'auteur; j'étais persuadé que, par un simple effet du hasard, je n'avais pas mis la main sur celui de ses travaux qui renferme les véritables titres de sa gloire; en un mot, je ne me croyais nullement autorisé à taxer d'ignorance dans les sciences d'observation un homme qui, depuis tant de siècles, était censé être le régénérateur de ces mêmes sciences. Une telle prétention de ma part m'eût semblé comparable à celle de quelqu'un qui aurait représenté *Dante* comme indigne d'être compté parmi les poëtes,

le Grand et son époque considérés comme point de départ de l'école expérimentale.

Cuvier comme n'ayant plus de droit à une place dans les annales de la zoologie, ou *Napoléon I*ᵉʳ comme déchu de sa réputation militaire.

Eh bien, la prétention de détrôner *Bacon*, qui me paraissait si exorbitante, M. de *Liebig* vient de la réaliser de la manière la plus victorieuse, puisque, dans le remarquable écrit dont je donne ici la première traduction française, il renverse de fond en comble l'édifice pompeux que, jusqu'à ce jour, tout le monde était habitué à contempler comme l'un des plus solides monuments de la grandeur humaine.

La tâche que s'était proposée M. de *Liebig* était aussi hardie dans sa conception que difficile dans son accomplissement. C'est souvent une opération fort compliquée, fort épineuse, que celle de préciser rigoureusement la valeur intellectuelle ainsi que l'influence des hommes appartenant à une époque éloignée de la nôtre et placés dans des conditions complétement différentes de celles où nous nous trouvons. Il n'est pas toujours aisé de distinguer ce que ces hommes doivent aux autres de ce qu'ils ont puisé exclusivement en eux-mêmes ; rien n'est plus varié, plus insaisissable que les symptômes divers par lesquels se manifestent ces facultés exceptionnelles désignées du nom vague de *génie*, et dont on a donné les définitions les plus opposées. En effet, un éminent écrivain a prétendu prouver, par esprit de paradoxe sans doute, que le génie n'était que de la persévérance, de la patience ; mais ne pourrait-on pas dire avec plus de raison que le plus souvent ce qui caractérise le génie, c'est plutôt l'*impatience* que la *patience*, la *spontanéité* que le *calcul*. Ainsi quand, dans les sciences d'observation, on voit un homme privilégié faire jaillir d'un petit nombre de faits certains aperçus féconds, certaines conclusions générales que plus tard seulement, par de longues et minutieuses études, des savants de profession viennent confirmer et développer, ne dirait-on pas que l'auteur de ces déductions, en apparence prématurées, n'a pas eu la *patience* de subir les conditions lentes et pénibles auxquelles il est donné au commun des mortels d'obtenir de semblables résultats ?

Tels furent, pour ne parler que de notre siècle, *Buffon* et *Gœthe*. Le premier formula des idées fort originales sur plusieurs points des sciences naturelles et physiques, sans avoir eu ni le temps, ni les moyens matériels de se livrer aux études spéciales qui permirent à ses successeurs de constater la justesse de ces idées[1].

---

1. Voir la belle Introduction de M. *Flourens* aux *Chefs-d'œuvre littéraires de Buffon*, ainsi que les publications

Quant à *Gœthe*, il posséda à un degré bien plus élevé encore que *Buffon* la faculté, en quelque sorte providentielle, de saisir l'essence et la valeur des phénomènes naturels avec cette promptitude pénétrante, qui permet pour ainsi dire d'embrasser du premier coup d'œil la synthèse, sans subir le long travail de l'analyse, ou du moins sans y consacrer autant de temps qu'il en faudrait aux in-

spéciales consacrées à ce dernier par l'illustre secrétaire perpétuel de l'Académie des sciences, qui a eu le mérite d'avoir été le premier à saisir et à faire connaître les traits vraiment saillants de *Buffon*. Au reste, bien qu'après M. *Flourens* ce sujet semblât être épuisé, il vient d'être traité avec une remarquable originalité par M. *Chevreul*, dans son discours prononcé (le 8 octobre 1865) à Montbard, lors de l'inauguration de la statue de *Buffon*. En accueillant comme de précieuses données historiques tout ce que leur disait M. *Chevreul* avec une verve juvénile, les nombreux auditeurs n'ont pu éprouver qu'un seul moment d'incrédulité : c'est quand, dans sa verte vieillesse, M. *Chevreul* leur apprenait qu'il allait bientôt atteindre l'âge auquel mourut *Buffon*.

telligences ordinaires pour obtenir les mêmes résultats. C'est ainsi que, n'étant ni botaniste ni zoologiste de métier, *Goethe,* par un petit nombre de faits, appréciés avec une admirable clairvoyance, put devancer les naturalistes les plus spéciaux de son époque, et jeter dans ces deux branches de la science les germes de quelques-unes des grandes lois que d'autres développèrent et établirent ensuite définitivement, mais au prix d'un immense et long travail qui n'avait coûté au génie qu'un coup d'œil de perception. Il est vrai qu'en choisissant *Goethe* comme terme de comparaison pour l'appréciation du génie en général, on admettrait une mesure tellement exceptionnelle qu'elle risquerait de ne point trouver d'autre exemple. En effet, dans les hommes hors ligne connus jusqu'ici, le génie ne s'est toujours traduit que par une exubérance particulière d'une *seule* de nos facultés, et cela quelquefois aux dépens des autres qualités; en sorte que ce qui constituerait l'idéal de la puissance intellectuelle, ce serait la réunion dans le même personnage de *toutes* les facultés également caractérisées par un développement extraordinaire; ce personnage serait, au même titre, maître dans le domaine du *beau* et dans celui du *vrai*. Or, jusqu'à présent, un semblable idéal n'a encore été réalisé que par *Gœthe*, et peut-etre, mais dans un sens moins étendu, par *Leonardo da Vinci*. Naturaliste, poëte, philosophe, historien et littérateur, *Gœthe* pouvait accepter sur chacun de ces terrains le défi des plus célèbres de ses contemporains, parmi lesquels figuraient *Cuvier, Geoffroy Saint-Hilaire*, les deux *Humboldt, Kant, Schiller, Byron* et tant d'autres illustrations dans tous les genres : naturaliste, il eût pu, s'il eût voulu choisir exclusivement cette carrière, devenir l'émule de *Cuvier*, de *Geoffroy Saint-Hilaire* ou de l'auteur du *Kosmos;* poëte, son auréole splendide soutint sans pâlir l'éclat du sublime météore qui, s'élançant des rives brumeuses d'Albion aux pays d'Homère et de Virgile, traversa comme un éclair l'horizon du dix-neuvième siècle, en y traçant une voie de feu que jamais aucune autre comète lumineuse ne pourra ni parcourir, ni éclipser.

Aux exemples fournis par *Buffon* et *Gœthe*, on aurait pu en ajouter plus d'un puisé dans d'autres domaines de l'intelligence humaine, notamment dans le champ des idées philosophiques appliquées aux questions religieuses, sociales ou politiques : car, là aussi, le véritable *génie* se traduit surtout par la *spontanéité* et la *fécondité* ou l'*efficacité* des manifestations intellectuelles, manifestations souvent parfaitement indépendantes du temps, des lieux, et même jusqu'à un certain point du degré de culture ou d'éducation [1]. Si *Bacon* avait possédé une seule étincelle de ce feu sacré, sa royauté intellectuelle serait encore intacte; en sorte que, quand

[1]. Telles furent les idées formulées au douzième siècle par *Abélard* sur la réorganisation de la papauté, idées qui contenaient les germes de l'immense révolution dont on peut suivre le développement pas à pas depuis cette époque reculée jusqu'à la nôtre, où elle ne tardera point à atteindre sa phase définitive. En effet, *Arnaud* de Brescia, disciple d'*Abélard*, rapporta dans son pays natal les nouvelles doctrines recueillies de la bouche même de son maître, et il les propagea par ses sermons avec tant de succès que, non-seulement en Italie, mais encore en France et en Allemagne, les populations commencèrent à se familiariser avec l'idée (jusqu'alors inouïe, et réputée sacrilége et absurde) d'un pontife, non souverain, rendu à son ancienne et véritable destination. En vain le pape Innocent II lança (en 1144) une excommunication contre *Arnaud* et ses adhérents désignés sous le nom d'*Arnauldiens*: la fermentation devint telle que les habitants de Rome se livrèrent à des mouvements séditieux qui faillirent renverser à jamais le pouvoir temporel, et qu'en 1155, le pape *Adrien IV* se décida à excommunier la ville de Rome en masse. Cette mesure, alors aussi formidable qu'elle serait

bien même il n'aurait été que peu versé
dans les sciences d'observation, il aurait eu
droit de prétendre au mérite de les avoir
influencées, rien qu'en lançant au milieu
du grand mouvement de son siècle quelques idées fécondes, quelques prévisions

aujourd'hui impuissante, produisit d'abord son effet. Le peuple, frappé de stupeur, demanda grâce, et *Arnaud*, son apôtre adoré, dut chercher son salut dans une fuite précipitée. Les agents pontificaux parvinrent à le saisir ; il fut conduit à Rome et brûlé dans le château Saint-Ange ; ses cendres furent jetées dans le Tibre ; mais l'esprit de ses doctrines s'échappa, victorieux, de sa dépouille mortelle ; il s'empara de l'Europe entière en défiant les efforts désespérés de Rome, qui ne cessa de multiplier ses victimes. Ainsi *Dante* fut exilé de Florence, *Wicleff* fut poursuivi en Angleterre, *Savonarola* et *Huss* furent brûlés vifs. Eh bien ! les flammes qui dévorèrent ce dernier se tournèrent contre les bourreaux qui les avaient allumées ; car *Luther* recueillit avec enthousiasme la mission qui lui avait été léguée par *Huss* (dont il publia les œuvres, en 1548, à Nuremberg, avec une préface) ; et c'est ainsi que l'étincelle, lancée trois siècles auparavant par *Abélard*, devint entre les mains de *Luther* la torche funèbre de la papauté. Cette étincelle eut donc tous les caractères du *génie*, car elle fut *spontanée* et *féconde en résultats*.

ingénieuses susceptibles de devenir, entre les mains de ses successeurs, autant de points de départ pour de nouveaux et importants développements. Mais M. de *Liebig* a surabondamment prouvé que la nature avait complétement refusé à *Bacon* non-seulement cette brillante faculté d'initiative, mais aussi tout esprit d'observation dans l'appréciation des phénomènes naturels; il a prouvé que son audacieuse et impertinente prétention de se poser en régénérateur des sciences physiques n'a eu d'autre résultat que de reproduire, sous des formes nouvelles, d'anciennes erreurs, et de retarder le progrès au lieu de le favoriser; enfin, il a prouvé qu'à l'ignorance et à l'incapacité qu'il laisse percer dans les sciences d'observation, *Bacon* ajoute la plus insigne mauvaise foi, en prétendant avoir effectué des expériences dont l'impossibilité est rigoureusement démontrée, parce que ces expériences sont du nombre de celles qui ne varient point selon le degré d'habileté personnelle de l'expérimentateur, ou selon l'état de perfectionnement de la science, mais parce qu'elles reposent uniquement sur les perceptions les plus élémentaires, les plus infaillibles de nos sens. Après de telles preuves, il est donc permis de dire maintenant que le rôle de *Bacon*, dans l'histoire des sciences d'observation, fut à peu près celui de *Julien l'Apostat* dans l'histoire du christianisme, et que la seule place vraiment saillante qu'il occupera dorénavant dans les fastes du passé est celle du plus hardi et surtout du plus heureux des mystificateurs connus; à ce titre il brillera, en les effaçant, au-dessus du comte de *Saint-Germain* et de *Cagliostro*.

Pour démontrer tout cela, M. de *Liebig* n'a point exigé qu'on le crût sur parole :

il s'est constamment appuyé sur les travaux textuellement rapportés de *Bacon;* ses citations sont même tellement nombreuses, que plus d'un lecteur serait peut-être disposé à lui en faire un reproche, sous prétexte que rien n'est plus aisé que d'entasser les plus grandes absurdités quand il s'agit des chimistes ou des physiciens du moyen âge, d'un âge où ces sciences se trouvaient encore au berceau. Mais ce sont précisément les passages empruntés aux œuvres de *Bacon* qui constituent les véritables actes du procès, les vraies pièces de conviction ; puisque, si ces œuvres étaient capables de fournir quelque chose de mieux, les avocats de *Bacon* n'eussent pas manqué de le produire, ce qui eût suffi pour le gain de leur cause ; car, je le répète, quand il est question de l'appréciation d'un homme qui se pose en réformateur d'une époque reculée, il ne s'agit nullement de savoir s'il a adopté ou non les préjugés de son temps ou s'il s'est fait illusion sur son propre mérite : il s'agit seulement d'apprécier jusqu'à quel point il a *devancé ses contemporains*.

Les fautes que, sous le double rapport des influences du siècle et de la vanité personnelle, on peut reprocher à *Bacon*, il les partagea avec beaucoup d'hommes illustres auxquels une place est unanimement et légitimement acquise parmi les réformateurs des sciences. Ainsi *Kepler* croyait aux *esprits* comme *Bacon*, et, comme lui, il admettait les rêveries des alchimistes ; *Paracelse* était presque aussi vaniteux, aussi fanfaron, aussi boursouflé que *Bacon*; mais ce qui établit une différence, du tout au tout, entre *Bacon* et ces deux hommes éminents, c'est qu'en dehors de leurs défauts, ceux-ci se sont élevés *au-dessus* de leur siècle par des idées et des travaux qui leur sont exclusivement propres; tandis que *Bacon* n'a eu, dans les sciences physiques et naturelles, que les erreurs de son temps, et souvent même ne s'est rendu réellement remarquable que par son aveugle et systématique obstination à demeurer *au-dessous* de son époque même.

Il est tout simple qu'en renversant une idole créée et vénérée par des préjugés séculaires, M. de *Liebig* ait dû soulever contre lui tous ceux qui ne veulent pas qu'on touche aux idées et aux croyances des aïeux, c'est-à-dire la grande majorité de la société, y compris une bonne partie de la classe qui se qualifie d'éclairée. A cette légion d'adversaires, déjà assez respectable par le nombre, s'est jointe une phalange de patriotes britanniques qui prétend que c'est porter atteinte à la dignité nationale que de discuter les titres d'un Anglais considéré depuis plus de trois siècles par ses compatriotes, ainsi que par le reste de l'Europe, comme le régénérateur des sciences. Aussi l'écrit de M. de *Liebig* a-t-il été condamné par la presse britannique sommairement et sans discussion[1]. Il est vrai que la *critique mo-*

---

[1]. Des extraits du livre de M. de *Liebig* furent publiés dans quelques journaux et feuilles périodiques; parmi ces dernières, le *Macmillan's magazine* en donna même une traduction (dans son numéro 45, juillet 1863); mais ces extraits, aussi bien que cette traduction, ne se produisirent pour ainsi dire qu'à titre de pièces de conviction à l'appui de l'arrêt lancé contre l'auteur par l'opinion publique, sans qu'on se fût donné la peine de motiver cet arrêt. Les seuls organes de publicité, en Angleterre, qui daignèrent admettre la discussion à cet égard, furent le *Home and foreign Review* et le *Reader*. La première de ces feuilles (n° 7, janvier 1864) est assez favorable à M. de *Liebig*, mais elle ne fait pas toujours preuve de beaucoup de compétence dans les matières relatives aux sciences d'observation. Quant au *Reader*, dont les n°⁸ 179 et 180 (du 2 et 16 juin 1866) contiennent une critique étendue

derne, ce tribunal formidable qui a entrepris de vérifier et de contrôler tous les titres sur lesquels reposent les prétentions et les croyances humaines, pour si anciennes et vénérables qu'elles puissent paraître, n'a encore obtenu en Angleterre ni l'empire ni les sympathies dont elle jouit en France et surtout en Allemagne, véritable patrie de cette nouvelle puissance ; en sorte que le seul représentant influent

du livre de M. de *Liebig*, rédigée par *Rodwell*, il se borne à faire valoir un argument qui avait déjà été plus d'une fois apporté en faveur de *Bacon*, mais qu'il n'est plus permis de reproduire depuis que M. de *Liebig* lui a enlevé toute valeur : c'est la constatation pure et simple du développement extraordinaire que les sciences d'observation ont acquis depuis l'époque de *Bacon*. Or, M. de *Liebig* a démontré que ce développement est dû précisément aux éminents contemporains ainsi qu'aux devanciers de *Bacon*, mais nullement à ce dernier ; et, de plus, il a prouvé, par l'analyse des ouvrages de *Bacon*, que, dans aucun cas, ces ouvrages n'ont pu exercer une action quelconque dans ce sens, parce qu'un effet ne saurait se produire sans cause, et que, d'après le proverbe latin, rien n'engendre que rien : *ex nihilo nihil*.

que la critique ait pu, jusqu'à présent, établir en Angleterre, se réduit presque à la personne de *Matthew Arnold*, le célèbre auteur des *Essays on criticism*. Malgré cela, la manière dont on procéda à l'égard d'une illustration telle que celle de M. de *Liebig* eût paru tout à fait inadmissible dans le pays classique de la légalité et de la discussion, si une circonstance particulière n'était venue envenimer l'impression fâcheuse produite par l'opuscule du grand chimiste allemand; car cette étude parut précisément au moment où une polémique très-vive s'était engagée entre l'auteur et quelques journaux britanniques au sujet de l'application à l'agriculture anglaise de sa théorie des engrais; en sorte que l'apparition de l'étude sur *Bacon* fit en Angleterre l'effet d'un acte de représailles ou de ressentiment personnel. Mais maintenant que plusieurs années se sont écoulées¹ depuis cette irritation toute locale et passagère, le moment est venu de dégager le côté sérieux et solide de ce remarquable écrit des mesquines susceptibilités qui l'avaient tout d'abord ou voilé ou défiguré. C'est pourquoi j'ai cru rendre un véritable service à la science, en appelant l'attention, et, s'il le faut, la discussion, sur le *Bacon* de M. de *Liebig* que, par suite de circonstances particulières, le public n'avait pu apprécier à sa juste valeur; et comme, par le fait de ces cir-

---

1. Le livre de M. de *Liebig* parut en 1863, à Munich, sous le titre : *Ueber Francis Bacon von Verulam und die Methode der Naturforschung* (Considérations sur Francis Bacon de Verulam et sur la méthode applicable à l'étude de la nature). Je me suis permis d'abréger ce titre, parce qu'il m'a semblé qu'en le réduisant à ces mots : *Lord Bacon*, il a l'avantage de la brièveté tout en faisant sentir au lecteur que l'écrit qui le porte n'est point une biographie, mais renferme des considérations sur les sciences d'observation en général ; un nom tel que celui de l'auteur suggère forcément cette conclusion.

constances, l'écrit de l'éminent savant est resté presque inconnu en France [1], où les hautes questions relatives au progrès de l'esprit humain ne manquent jamais d'attirer l'attention, surtout lorsqu'elles sont traitées par un homme qui lui-même a si largement contribué à ce progrès, j'ai cru que le moyen le plus propice pour

---

1. Une analyse de l'ouvrage de M. de *Liebig*, publiée dans les *Mondes* de M. l'abbé *Moigno* (année 1864), fut le seul témoignage d'attention dont on crut, en France, devoir honorer, dans cette occasion, l'un des créateurs de la chimie organique moderne. Au reste, rien ne prouve mieux combien le *Bacon* de M. de *Liebig* était ignoré en France, que ce simple fait qu'il n'a jamais été mentionné dans la *Revue des Deux-Mondes*, ce qui évidemment ne serait pas arrivé si cet écrit, doublement recommandable par son importance et par le nom de son auteur, avait été connu des auteurs du célèbre recueil qui justifie si dignement son titre en faisant apprécier, avec autant d'habileté que d'impartialité, les produits les plus saillants de la littérature et de la science, dans tous les pays et dans toutes les langues. Je ne doute point que la *Revue des Deux-Mondes* ne s'empresse de réparer cette grave omission, et je m'estime heureux de lui en faciliter le moyen.

rendre à M. de *Liebig* la justice qui lui a été momentanément refusée, c'était de charger le public français de cette œuvre de légitime réparation.

Au reste, la tâche sera singulièrement facilitée par les Anglais eux-mêmes, car ce peuple intelligent sait, autant que tout autre, séparer les questions de susceptibilités nationales des questions d'équité. D'ailleurs, les Anglais auront peu de mérite à faire la concession que M. de *Liebig* leur demande au nom de la vérité et de la science. Il n'y a que le pauvre qui puisse se vanter de l'obole modeste qu'il a volontairement sacrifiée; mais lorsqu'on signale au riche, au milieu de ses immenses trésors, une seule pièce d'alliage qu'il avait crue de bon aloi, le sacrifice de ce minime fragment d'alliage est plutôt un avantage qu'une perte. Or, ce n'est pas seulement dans le sens matériel que l'Angleterre est la nation la plus riche du monde : elle l'est aussi dans le sens intellectuel, car elle seule porte sur la même tête *la triple couronne de la civilisation, de la liberté et de la puissance*. D'autres peuvent posséder des fleurons aussi splendides, plus brillants même peut-être; mais aucun peuple ne les a réunis *au même degré de valeur en un seul diadème*. Ainsi, en expulsant du Panthéon britannique un intrus qui n'y a été toléré que trop longtemps, l'Angleterre n'a guère besoin de craindre de créer du vide dans l'enceinte sacrée; son Panthéon sera toujours trop étroit pour ses illustrations innombrables dans tous les genres.

Il me reste à dire maintenant quelques mots sur la manière dont je me suis acquitté de ma tâche de traducteur.

Avant tout, je me suis efforcé de reproduire le texte allemand aussi fidèlement que possible, et je ne me suis écarté de l'interprétation littérale que dans le cas où cela devenait impérieusement nécessaire, eu égard à la divergence qui existe entre l'esprit des deux langues. D'un autre côté, comme le travail que j'ai entrepris n'a d'autre but que de rendre l'écrit de M. de *Liebig* accessible aux lecteurs de tous les pays en le présentant dans une langue douée du privilége de l'universalité, j'ai tenu à imprimer à ma traduction le caractère d'une parfaite authenticité; afin que ceux qui ne sont pas en situation de la contrôler par la comparaison avec l'original puissent avoir la certitude qu'elle est réellement l'expression fidèle de l'auteur. En conséquence, aussitôt que j'eus terminé mon manuscrit à Florence, je m'empressai de le transmettre à M. de *Liebig*, en le priant de le revoir avec d'autant plus de soin et de loisir, que je ne désirais le reprendre que deux mois plus tard, c'est-à-dire lors de mon retour d'Italie en France. Ce n'est donc qu'après avoir fait subir à mon manuscrit le contrôle le plus rigoureux et le plus minutieux, et qu'après avoir obtenu pour ainsi dire le *bon à tirer* de M. de *Liebig* lui-même, que je me suis décidé à le livrer à l'impression. On le voit, il est difficile de fournir au lecteur plus de garanties d'exactitude et de loyauté; en sorte que, quel que puisse être le mérite de mon travail, il possède, dans tous les cas, celui de reproduire l'auteur de manière à répondre à toutes ses exigences légitimes, et de ne contenir, soit dans la forme, soit dans le fond, que ce que l'auteur lui-même a approuvé sans réserve. Ainsi, c'est avec l'assentiment de M. de *Liebig* que, sur ma demande, sa propre préface a été supprimée, parce qu'elle me semblait contenir certains passages exposés à être compris en Angleterre dans un sens différent de celui que l'auteur leur avait donné. Or, je crois que pour faire mieux apprécier l'ouvrage de M. de *Liebig*, et le faire accepter par ceux mêmes qui ne sympathiseraient guère avec ses conclusions, il est indispensable de le placer tout entier dans la sphère sereine de la discussion scientifique, et d'enlever ainsi aux susceptibilités nationales et aux mesquines passions de coterie jusqu'au moindre prétexte de venir la troubler. De même, c'est avec l'approbation de M. de *Liebig* que j'ai joint à ma traduction quelques notes signées de mes deux initiales, et que j'ai divisé le texte en un certain nombre de paragraphes dont les sommaires ne sont pour la plupart que la reproduction des titres que, dans le texte allemand, l'auteur avait placés en tête des pages. Quant aux quelques additions ou modifications introduites dans le texte, elles ont été consignées dans mon manuscrit de la main même de l'auteur. Enfin, j'ai cru donner un développement très-avantageux à l'écrit de M. de *Liebig*, en y ajoutant une section particulière composée d'articles que l'illustre savant a successivement publiés dans la *Gazette d'Augsbourg*, en réponse aux objections que son écrit avait fait naître.

Les critiques qui ont provoqué ces réponses (réponses dont la traduction a été également revue et approuvée par l'auteur) sont les seules discussions sérieuses auxquelles l'écrit de M. de *Liebig* ait donné lieu; car, ainsi que je l'ai déjà fait observer, cet écrit avait été condamné en Angleterre sans discussion, et, en France, il avait eu le sort auquel sont malheureusement exposés bien des ouvrages rédigés en langue étrangère, surtout en allemand, celle de toutes les langues européennes la moins accessible et la moins sympathique aux peuples de race latine.

C'est en Allemagne que la polémique ouvrit son feu, et notamment à Tubingen, par l'entremise de M. *Sigwart*, professeur de philosophie. Après la manière dont les objections de M. *Sigwart* ont été réfutées, il est permis de croire que c'est la dernière tentative désespérée des philosophes pour conserver à *Bacon* la place qu'ils lui avaient si arbitrairement accordée dans le domaine des sciences d'observation, tout en l'expulsant presque unanimement du domaine de la philosophie. Or, un fait assez remarquable et qui explique la durée prolongée de l'usurpation de *Bacon,* c'est que sa réputation de physicien et de naturaliste n'a point été faite par les savants ses contemporains qui l'ont au contraire complétement ignoré comme un des leurs, mais que cette réputation est due exclusivement aux philosophes et aux gens du monde ; à peu près comme si *Newton* ou *Linné* n'avaient été connus et patronnés que par les peintres et les poëtes, et avaient été repoussés par les mathématiciens et les naturalistes. Le procédé des philosophes à l'égard de *Bacon* a été celui de ces juges égoïstes et peu scrupuleux, qui ne veulent se brouiller avec personne, et qui, après avoir éconduit de leur propre maison un hôte incommode, tiennent à le loger dans la maison du voisin. M. de *Liebig* a le mérite d'avoir été le premier à s'apercevoir de cette indigne supercherie, et à la signaler de telle manière qu'elle n'a plus désormais aucune chance de se reproduire. C'est aussi que, avant M. de *Liebig*, la majorité de nos physiciens et naturalistes ne s'étaient guère plus occupés de *Bacon* que les savants de son époque; bien qu'il soit vrai que le petit nombre des savants modernes qui en ont parlé se soient exprimés à son égard d'une tout autre manière que les philosophes; seulement ils n'étaient pas aussi en mesure que M. de *Liebig* d'exprimer *toute* la vérité. En effet, quoique dans son *Kosmos*, ce monument de la plus vaste universalité scientifique que jamais homme ait érigé, M. de *Humboldt* montre à l'égard de *Bacon* cette érudition inépuisable avec laquelle il embrasse tous les sujets, il faut reconnaître que l'ensemble de sa manière de voir prouve qu'il est loin d'avoir étudié les écrits du célèbre lord chancelier, aussi spécialement que l'a fait l'éminent professeur de Munich; en sorte que plusieurs endroits de ces écrits, qui ont fourni à M. de *Liebig* les arguments les plus péremptoires contre *Bacon*, paraissent n'avoir pas été connus de M. de *Humboldt*, ainsi que je le signalerai dans les notes ajoutées à ma traduction. Le fait est que, tout en déclarant que dans ce qui se rapporte aux mathématiques, à l'astronomie et à la physique, *Bacon* était très-inférieur à son siècle (*Kosmos*, t. III, p. 10) [1], qu'il s'est montré injuste envers *Gilbert* et *Kopernik* (*Ibid.*, t. I, note 70, à la page 372), que la méthode expérimentale avait été révélée déjà un siècle avant *Bacon*, par *Leonardo da Vinci* (*Ibid.*, t. III, p. 10), M. de *Humboldt* a néanmoins l'air de considérer *François Bacon*, sinon comme réformateur des sciences, du moins comme un homme qui a exercé une

---

1. Le *Kosmos* est cité ici d'après l'édition originale allemande publiée à Stuttgardt et Tubingen.

certaine action sur leur développement. D'ailleurs, M. de *Humboldt* ne fait nulle part remarquer la distance prodigieuse qui, sous ce rapport, sépare *François Bacon* de ses devanciers, *Albert le Grand* et *Roger Bacon*, et cependant il est impossible de mieux les apprécier que ne l'a fait M. de *Humboldt*, non-seulement dans le *Kosmos* (et entre autres t. II, p. 54, 280, 283, 286), mais encore dans son *Examen critique de l'histoire de la géographie* (t. II, p. 295-297), où il démontre que, dans le domaine des découvertes géographiques, *Roger Bacon* avait préparé l'époque de *Colomb* et de *Vasco de Gama*. Or, quand on considère les études approfondies auxquelles M. de *Humboldt* a soumis les ouvrages d'*Albert le Grand* et de *Roger Bacon*, on est étonné de ne pas le voir tracer un parallèle entre ces deux derniers et *François Bacon* qui, trois siècles plus tard, eut l'impudence de prendre comme sien le bien de ses prédécesseurs. Le mérite d'avoir fait cette distinction essentielle appartient à M. *Pouchet*, dont l'excellente *Histoire des sciences naturelles au moyen âge* nous laisse déjà apercevoir les premières lueurs de l'orage qui éclatera bientôt sur la tête de *François Bacon*.

Ainsi, après avoir signalé les remarquables services que *Roger Bacon* rendit aux sciences d'observation, M. *Pouchet* prouve (p. 363-376) l'immense supériorité du premier sur son célèbre homonyme. Toutefois, *François Bacon* n'entrant que d'une manière accessoire dans le cadre de l'ouvrage de M. *Pouchet*, consacré à l'époque d'*Albert le Grand*, ce savant auteur n'eut pas lieu d'étudier les écrits de *François Bacon* aussi profondément que ceux de *Roger Ba-*

con; et voilà pourquoi il conserve au lord chancelier le mérite d'avoir reproduit au seizième siècle l'exemple de réforme donné au treizième siècle par le savant moine; voilà pourquoi, en parlant du modeste cordelier d'Oxford, M. *Pouchet* dit (p. 363) : « C'est un novateur qui prêche au treizième siècle la réforme qu'opérera avec empressement le seizième siècle, à la voix de *François Bacon* et de *Galilée*. » Il n'a pas moins fallu que les études spéciales de M. de *Liebig* pour consommer l'acte de justice devant lequel MM. de *Humboldt* et *Pouchet* avaient reculé; et c'est ainsi que, tandis que le savant professeur de Rouen laisse encore figurer le buste de *François Bacon* à côté de celui de *Galilée*, et que même le génie de *Humboldt* ne peut s'empêcher de le respecter, tout en commençant à le faire descendre de son piédestal, M. de *Liebig* vient enfin mettre un terme à tant de tergiversations, en brisant ce buste sans pitié et en en effaçant toute trace dans le Panthéon des sciences.

Si la polémique engagée entre M. de *Liebig* et M. *Sigwart* n'a eu rien de très-satisfaisant pour ce dernier, elle a été très-profitable au public. En effet, dans cette série d'articles auxquels les lecteurs n'adresseront sans doute qu'un seul reproche, celui de n'être ni assez nombreux, ni assez étendus, l'illustre savant ajoute de nouvelles considérations non-seulement à ce que dans son livre il avait déjà dit, eu égard à la véritable position que doit occuper *Bacon*, mais encore à une autre question beaucoup plus élevée, dont il s'est également occupé, je veux dire à la question de savoir quelles sont les limites qui séparent les sciences mathématiques, physiques et naturelles des sciences philosophiques. Il est vrai que plus d'une fois déjà cette grave question avait été traitée et résolue dans le sens de M. de *Liebig*. Toutefois, les champions du spiritualisme, si brillamment inauguré en France par M. *Cousin*, et vaillamment défendu par son école qui compte dans ses rangs des penseurs de premier ordre, seront heureux et fiers de voir leur cause soutenue par l'un des hommes les plus éminents de notre époque.

D'ailleurs, jamais les études philosophiques n'eurent plus besoin qu'aujourd'hui d'avertissements salutaires, qui leur rappelassent le terrain sur lequel elles reposent, le but qu'il leur est permis d'atteindre et les moyens qui y conduisent. C'est pour avoir perdu de vue de tels avertissements que l'histoire de la philosophie de notre siècle a présenté les étranges aberrations qui ont fait tant de tort à la science, et qui ont presque porté le découragement dans les rangs de ceux qui la cultivent. Tour à tour exagérant ou dépréciant ses forces, tantôt elle a essayé d'embrasser dans son domaine et de déduire de ses propres principes toutes les connaissances humaines; tantôt, frappée de la différence manifeste qui distingue les vérités métaphysiques des vérités mathématiques, elle a cru pouvoir venir en aide aux sciences philosophiques en leur donnant le cachet des sciences d'observation. De là les rêves de l'école allemande, parée du titre de *Philosophie de la nature*, dont les étranges révélations rappellent les oracles les plus ténébreux de la Sibylle de Delphes; mais de là aussi ces excentricités dans un sens opposé, par lesquelles certains philosophes ont cru imprimer à leurs travaux le caractère de la certitude des sciences physiques, en empruntant à ces dernières des formules et des procédés qui, détournés de leur élément naturel, n'ont plus ni raison d'être ni signification. Loin de renforcer les études philosophiques, c'est les ruiner de fond en comble que de vouloir exagérer soit leur force, soit leur impuissance, en les déclarant tour à tour régulatrices ou esclaves des sciences d'observation ; or, la philosophie

. . . . n'a mérité
Ni cet excès d'honneur, ni cette indignité.

En restant sur leur terrain légitime, les études philosophiques conserveront leur véritable valeur à côté des sciences d'observation, et chacune d'elles pourra vivre de sa propre vie. Ce n'est que de cette manière que les luttes et les rivalités entre ces deux grands embranchements de l'intelligence humaine feront place à la concorde et à un respect réciproque. Chacune d'elles a son genre de mérite et ses défauts, en sorte qu'il peut s'établir une compensation mutuelle ; car si les vérités des sciences d'observation ont un criterium de certitude et un caractère de fixité que ne sauraient avoir les vérités des sciences philosophiques, eu égard à la différence des moyens d'investigation dont disposent les unes et les autres ; si les sciences d'observation ont seules le privilége de travailler à la prospérité matérielle de la société, tout en favorisant par suite la solution des plus abstraites questions du monde intellectuel, n'oublions pas que ces questions elles-mêmes sont du ressort de la philosophie, et qu'elles s'imposent à l'homme avec une insistance et une grandeur bien autrement impérieuses que les plus graves et les plus utiles vérités des sciences physiques. Celles-ci ont beau embellir et orner notre demeure terrestre, à elles seules elles sont impuissantes à nous y fixer; tant qu'il y aura des hommes qui naissent et meurent, tant que ces créatures passagères éprouveront des souffrances et des aspirations qui viennent d'autres régions que de celles que nous habitons, une force irrésistible nous entraînera toujours vers la partie du ciel qui reste inaccessible aux yeux des astronomes, et il y aura toujours des moments où les plus grandes préoccupations de la science purement humaine se tairont devant l'inexorable voix qui ne cesse de nous demander d'où nous venons, ce que nous sommes venus faire ici, et où nous allons. Or, ce n'est qu'à la condition de connaître la nature des moyens dont elle dispose et de respecter la limite éternelle, infranchissable, qui la sépare des sciences d'observation, que la philosophie conservera sa noble mission de planer au-dessus des régions purement terrestres, et de constituer le véritable sacerdoce du genre humain ; ce n'est qu'alors qu'elle parviendra à faire triompher la doctrine consolante et indispensable du spiritualisme, en évitant tout contact inutile ou nuisible avec la matière. Le jour où cette œuvre de conciliation sera accomplie, les vastes aspirations de l'intelligence humaine pourront être comparées à trois fleuves coulant majestueusement l'un à côté de l'autre, se fécondant mutuellement, mais sans jamais confondre ni leurs sources ni leurs lits : l'un représentera les sciences d'observation, l'autre les sciences philosophiques et historiques, et le troisième l'esthétique avec ses diverses attributions, la poésie, la musique et les arts plastiques. A mesure que chacun de ces grands courants de l'intelligence se laissera mieux reconnaître, il emportera forcément avec lui et unira à ses eaux tout élément parasite ou arbitraire qui tenterait de s'affranchir de sa puissance. C'est ainsi que la théologie rentrera tôt ou tard dans la sphère de la philosophie ou dans celle de l'histoire ; car son existence, comme science indépendante, s'évanouira du moment que l'état de la civilisation générale n'exigera plus de sacrifices non motivés de la raison, et n'admettra comme valide que ce qui sera victorieusement sorti du contrôle de celle-ci.

Je n'ai rappelé ces quelques traits relatifs aux sciences physiques et naturelles considérées dans leurs rapports avec les sciences philosophiques, que pour mieux signaler à l'attention du lecteur les endroits du livre de M. de *Liebig* où ces importantes questions sont l'objet d'observations pleines de justesse et de profondeur; en sorte qu'à elles seules, elles donneraient déjà un vif attrait à l'écrit de ce savant et aux articles qui s'y rattachent, lors même que cet écrit n'aurait pas pour objet principal une étude sur *Bacon*, étude aussi remarquable par la solidité des recherches et la sagacité des appréciations, que par l'originalité et la nouveauté des résultats, puisqu'elle modifie profondément l'une des pages les plus intéressantes de l'histoire des connaissances humaines. Aussi, quiconque désormais entreprendra d'écrire cette histoire ne dira plus, comme cela se disait naguère encore, à savoir : que *Bacon a été le régénérateur des sciences.*

d.

C'est sans doute pour avoir complétement ignoré l'écrit de M. de *Liebig*, que dans un remarquable travail publié dans la *Revue des Deux-Mondes* (numéro du 15 avril 1866, p. 908-936), M. *Paul Janet* est venu soutenir à son tour la légitimité des titres de *Bacon* au rôle de régénérateur ou réformateur des sciences. Évidemment, si M. *Janet* avait eu connaissance des arguments développés par M. de *Liebig*, il en serait résulté de deux choses l'une : ou qu'il aurait cherché à les réfuter, ou qu'il n'aurait pas formulé des opinions diamétralement opposées à celles du célèbre professeur de Munich. Dans le premier cas, nous devons d'autant plus regretter les circonstances qui nous ont privés de cette intéressante et instructive polémique, que personne n'est appelé plus que M. *Janet* à traiter ce sujet en connaissance de cause ; car non-seulement il compte pour une autorité éminente dans les sciences philosophiques, mais encore il possède l'avantage d'être versé dans les sciences physiques et naturelles ; et c'est précisément la réunion de cette double compétence qui a le plus souvent manqué à ceux qui ont voulu prononcer en dernier ressort sur la véritable valeur de *Bacon*.

Comme philosophe, le célèbre lord chancelier a déjà été suffisamment étudié, notamment par M. *Charles de Rémusat*; il ne restait plus qu'à établir une enquête parallèle au nom des sciences d'observation. C'est, je le répète, ce qu'a fait le premier M. de *Liebig*, dont les consciencieuses et longues recherches ont eu pour conséquence de démontrer que le *Bacon* des philosophes et le *Bacon* des physiciens et des naturalistes étaient deux hommes absolument distincts.

Une autre célébrité scientifique, M. *Claude Bernard*, vient de corroborer l'opinion de M. de *Liebig*, même sans l'avoir connue, selon toute apparence ; mais, comme dans le remarquable travail de M. *Claude Bernard* (*Introduction à la médecine expérimentale*, Paris, 1866), *Bacon* ne figure, pour ainsi dire, qu'incidemment, tandis que dans l'écrit de M. de *Liebig* il est l'objet d'une étude toute particulière, c'est cet écrit qui constitue, non-seulement par la date de sa publication, mais encore par sa nature spéciale, la pièce la plus importante du procès intenté à *Bacon* au nom des sciences physiques et naturelles. Il ne sera donc plus permis d'ignorer ce document capital chaque fois qu'on s'occupera de cette question. C'est pourquoi je crois rendre service aux savants français en leur fournissant le moyen, par la publicité donnée à ma traduction, de ne plus commettre désormais une omission de ce genre [1].

Je terminerai en faisant observer que les moralistes ne pourront qu'applaudir à la chute de *Bacon*. C'est en effet donner une satisfaction à leur noble cause que de diminuer le nombre de ces hommes qui, par une discordance choquante et malheureusement trop fré-

---

[1]. Depuis la publication du travail de *Claude Bernard*, M. E. *Chevreul* vient de faire paraître le premier tome de son importante *Histoire des connaissances chimiques*; ce sera donc pour la seconde fois qu'après M. de *Liebig*, l'un des savants les plus éminents de notre époque aura à s'occuper de *Bacon*, considéré au point de vue des sciences physiques et naturelles. Comme sur plusieurs questions traitées dans son beau travail M. *Chevreul* se rencontre avec les idées formulées par M. de *Liebig* dans l'écrit dont je donne ici la traduction, il est probable qu'il y aura la même concordance entre les deux célèbres représentants de la chimie en France et en Allemagne, lorsque dans les volumes suivants, consacrés plus spécialement à l'histoire des sciences chimiques, M. *Chevreul* se trouvera amené à l'appréciation de *Bacon*.

quente, unissent dans leur personne la plus séduisante beauté intellectuelle à la plus hideuse difformité morale. Sans doute les annales des célébrités éprouveraient des vides énormes, si l'on parvenait à en exclure tous ceux qu'on ne peut estimer autant qu'on les admire. Il n'en est pas moins vrai que chaque conquête remportée en faveur de cet idéal de l'ordonnance harmonieuse des facultés humaines est un acte méritoire non-seulement devant le tribunal de la vérité, mais encore devant celui de la morale. Il serait à désirer que la critique de notre époque, quelquefois aussi avide de détruire qu'impuissante à édifier, rendît plus souvent de semblables arrêts de justice, et qu'en soumettant à un contrôle sévère la valeur réelle des hommes, elle triomphât plus souvent de la déplorable théorie qui, de nos jours, tend à placer le *succès* au-dessus du *principe*, et à pardonner tout à quiconque a réussi, pour n'avoir rien respecté.

P. DE TCHIHATCHEF.

Florence, le 15 mai 1866.

LORD BACON

I

Importance de l'histoire des sciences d'observation. — *Historia naturalis* de *Bacon*. — Investigation des propriétés des corps. — Explication des faits. — Réfutation d'Aristote. — *Bacon* considéré comme expérimentateur. — Expériences *fructueuses* et expériences *lumineuses*. — Recette pour la fabrication de l'or. — Axiomes. — OEuvres scientifiques de *Bacon*. — Ses plagiats. — Accusations dirigées contre les savants. — Jugement de *Bacon* sur les savants. — Sa prétention aux récompenses.

Les biographes de lord *Bacon*, aussi bien que la majorité des écrivains qui se sont occupés de ses ouvrages, le considèrent et le représentent comme l'antagoniste de la scolastique, le réorganisateur des sciences d'observation, le fondateur d'une nouvelle méthode d'investigation et d'une nouvelle philosophie, savoir : de la philosophie empirique ou utilitaire.

On dirait qu'une espèce de fatalité a toujours fait complétement échouer tous les efforts auxquels les philosophes modernes, et parmi eux les hommes les plus intelligents de notre siècle, ont pu se livrer pour diminuer les difficultés et les obstacles divers dont est hérissée la voie des sciences d'observation, ainsi que pour faciliter à ceux qui les cultivent le moyen d'asseoir sur des bases plus larges et plus solides leurs appréciations de l'essence des choses et de la nature elle-même. C'est qu'en effet, par leurs manières de voir tout individuelles et complétement détachées du terrain des connaissances positives, les philosophes n'ont pu exercer aucune influence sur l'étude de la nature, et voilà pourquoi leurs noms n'ont point eu de place dans l'histoire des sciences d'observation.

Il en est tout autrement de *Bacon*. Même après trois siècles, son nom brille encore comme une étoile lumineuse qui, nous assure-t-on, a indiqué la véritable voie et le but réel des sciences. Il n'est donc pas sans intérêt de déterminer, à l'aide de ses propres ouvrages et avec plus de précision qu'on ne l'avait fait jusqu'à présent, la part qui revient à *Bacon* dans l'organisation de la science moderne.

Bacon vécut dans le siècle le plus remarquable de l'ère chrétienne : de grandes découvertes dans le ciel et sur la terre avaient imprimé un mouvement puissant à l'esprit des peuples de l'Europe ; c'était l'époque des *Képler*, des *Galilée*, des *Stevin*, des *Gilbert*, des *Harriot*, c'est-à-dire des fondateurs de ce qui constitue de nos jours l'astronomie, la physique, la mécanique, l'hydrostatique, ainsi que les théories de l'électricité et du magnétisme.

L'histoire des sciences d'observation a, relativement aux hommes qui ont contribué à leurs progrès et à leur consolidation, un avantage qui lui est propre : c'est celui de nous mettre à même de mesurer et de peser avec exactitude la portée de leurs découvertes, ainsi que l'influence de leurs idées sur les travaux tant de leur époque que de la nôtre.

Les faits et les découvertes qui étaient l'objet des études et des méditations de ces hommes restent en eux-mêmes indestructibles; ils sont tout aussi accessibles à notre jugement et à notre contrôle aujourd'hui qu'ils l'étaient il y a des siècles; chacune de leurs expériences est susceptible de reproduction; nous pouvons aisément nous placer dans toutes les circonstances et conditions où elles ont été faites; nous sommes en mesure de déterminer ce que leur intelligence a réellement trouvé dans les phénomènes qu'ils nous expliquent et ce que leur fantaisie a pu leur prêter, et de distinguer ainsi ce qui a précédé leurs idées de ce qui est venu se rattacher plus tard à ces mêmes idées.

Il en résulte que les ouvrages de *Bacon* relatifs aux sciences d'observation doivent nous indiquer de la manière la plus positive la part que cet auteur a eue dans les graves questions de son temps ; ils doivent nous apprendre s'il voguait à pleines voiles sur le grand torrent de son époque, ou bien s'il est resté stationnaire sur ses rives ; quelle action ont exercée sur son esprit les découvertes des éminents astronomes et physiciens de son temps ; si ces découvertes ont fourni des germes à ses propres idées ; enfin si, après tout, il les a comprises et appréciées avec justesse.

L'ouvrage de *Bacon* qui se prête le mieux à ce genre d'enquête est incontestablement son *Historia naturalis* ou *Sylva sylvarum*, répertoire embrassant la totalité de ses études de la Nature, de ses observations, expérimentations et connaissances.

Dans l'Introduction placée en tête de cet ouvrage (*The works of lord Bacon*, Edition of 1846, Henry J. Bohn, London, p. 81 et 82), il est dit que *Bacon* « a voulu, par cet écrit, jeter les bases de la vraie philosophie, éclairer l'esprit humain, le détacher des axiomes, et faire naître bien des choses et des résultats d'un ordre élevé; qu'il espérait avoir accompli la promesse faite par lui relativement au développement de l'intelligence et de toutes les sciences, et qu'enfin cet ouvrage renfermait la pierre angulaire de son *Novum organum*. »

Les parties les plus remarquables de cette Introduction sont le début et la fin. Dans cette dernière, il est dit que, conformément aux déclarations du Lord, « l'*Historia naturalis* est l'univers tel que Dieu l'a créé, et non pas tel qu'il a été imaginé par les hommes, et que dans cet ouvrage la fantaisie n'a eu aucune part. »

Ces déclarations se trouvent contredites d'une manière assez plaisante par le début même de l'Introduction, dans laquelle l'auteur (*Rawley*, professeur en théologie) nous raconte naïvement que, pendant la compilation de cet ouvrage, tâche dont il avait été chargé, il eut l'honneur de jouir constamment de la société de Sa Seigneurie. *Rawley* devait donc savoir mieux que personne que l'ouvrage en question ne pouvait renfermer l'univers tel que Dieu l'a créé, puisqu'il avait été tout simplement fabriqué à l'aide d'autres livres.

Au reste, ce sont les additions faites par le Lord, qui, même aux yeux de *Rawley*, placent cet ouvrage si haut, et ce sont celles-là, en effet, qui ont le plus d'importance pour nous comme moyens d'apprécier *Bacon* comme auteur. Or, *Bacon* ne manquait jamais de joindre à chaque fait, à chaque phénomène rapportés dans ce livre, une cause et une explication. Quant aux faits eux-mêmes ainsi commentés, il les citait pour la plupart d'après des autorités étrangères : plusieurs étaient donnés sur ouï-dire, bien peu d'après ses propres observations; parmi les faits de cette dernière catégorie, figurent ceux dont les explications se trouvent corroborées par ses propres expériences.

Bacon, dans son *Novum organum*, nous a exposé les principes de l'analyse et les méthodes de l'investigation de tout phénomène naturel ; en sorte que les matières traitées dans son *Historia naturalis* doivent être considérées comme autant de pièces justificatives probantes à l'appui de son mode d'investigation. Avec leur aide nous pourrons par conséquent nous former une idée précise du degré de concordance entre ses principes et leur application, entre sa pratique et sa théorie.

Bacon dit, dans son *Novum organum*, que « jusqu'à lui toute connaissance était creuse, vide et stérile; » — que « la véritable voie n'avait pas été suivie, et cette voie la voici : aborder les faits eux-mêmes afin de suivre leur ordonnance et leur connexion (*Novum org. Aph.*, 34); » — que « la vraie méthode n'accepte guère, pour point de départ, des expériences incertaines recueillies au hasard, mais seulement des faits bien compris rationnellement enchaînés (*ibid.*, I, 32). »

L'*Historia naturalis* de *Bacon* comprend, réunis en dix centuries, tous les faits compulsés par lui ou par son secrétaire dans des livres de voyage, de chimie, de physique et de médecine ; la tâche qu'il s'y propose est, comme je l'ai déjà fait observer, de donner l'explication de ces faits. Les propriétés des corps, des métaux, des roches, des plantes et des animaux, l'air, l'eau, phénomènes de la putréfaction, procédés chimiques et vitaux, combustion, etc., tout cela devait y être ou mentionné ou expliqué.

Je vais citer quelques exemples de ces explications, non parce qu'ils se prêtent particulièrement à donner une idée de la méthode de *Bacon*, mais parce que leur reproduction occupe le moins de place ; d'ailleurs toutes ses définitions sont de la même nature et empreintes du même cachet.

« Certains corps sont durs, d'autres sont mous ; la dureté provient de l'absence et la mollesse de la présence d'une quantité plus considérable d'*esprits*. » (*Sylva sylvarum*, 844.)

« La fusibilité ou l'infusibilité dépendent des causes suivantes : la première, de ce que les esprits (*spirits*) sont retenus avec plus de force; la deuxième, de ce qu'ils parviennent à s'échapper plus aisément. » (*Loc. cit.*, 840.)

« Les *esprits* ne sont que des choses naturelles, à divers degrés de ténuité, et renfermés, comme sous une enveloppe, dans les parties palpables des corps. » (*Loc. cit.*, 98.)

« La putréfaction est l'œuvre d'*esprits* volatils qui tendent constamment à s'affranchir des corps pour jouir des rayons du soleil en se mettant à l'air. » (*Loc. cit.*, 328.)

« Ce qu'il y a de certain, c'est que les pierres précieuses contiennent des esprits subtils, ainsi que le démontre leur éclat, esprits qui, par voie de sympathie, agissent sur l'homme d'une manière vivifiante et délectante. Celles qui se prêtent le plus à produire un semblable effet sont le diamant, l'émeraude, le rubis et la topaze. » (*Loc.*

cit., 960). Il est évident qu'aux yeux de Bacon le diamant, dont il aimait assez qu'on lui fît présent, tenait la première place.

Y compris ce qui concerne les pierres précieuses, tout cela est emprunté à *Paracelse*, avec une fidélité passablement littérale; aussi n'ai-je fait ces citations qu'afin de prouver que, dans toutes ces choses, la manière de voir de *Bacon* ne différait nullement de celle de son époque. Ce n'est donc pas là-dessus que nous porterons nos reproches.

Mais il n'en est plus de même des définitions qu'il n'a pas empruntées aux autres, et qui, par conséquent, doivent être considérées comme l'expression de sa propre faculté de perception et comme des procédés de sa propre intelligence. Parmi les exemples les plus simples figurent les suivants :

« L'eau dans les puits est plus chaude en hiver qu'en été, et c'est ce qui a lieu aussi à l'égard de l'air dans les caves. La raison en est que les parties situées au-dessous de la surface de la terre possèdent un certain degré de chaleur qui, étant complétement renfermée pendant l'hiver, devient alors plus élevée, tandis qu'elle baisse en été, parce que, dans cette saison, elle s'échappe à travers le sol. » (*Loc. cit.*, 885.)

« Il a été observé par les anciens que le sel qu'on jette dans une eau saline se dissout en moins de temps que dans l'eau pure. Cela tient peut-être à ce que le sel qui se trouve déjà dans l'eau attire celui qu'on y ajoute. » (*Loc. cit.*, 883.)

« Mettez du sucre dans le vin de manière à ce qu'une partie du premier reste au-dessus et une autre partie au-dessous du vin, et vous trouverez que le sucre resté en dehors du liquide devient mou, et se fond plus vite que le sucre qui plonge dans le vin. La raison en est : que le vin ne fait que pénétrer dans le sucre immergé, tandis qu'il est forcé d'entrer par voie de succion dans la partie restée en dehors du vin; car tous les corps poreux expulsent l'air et absorbent les liquides. » (*Sylva sylv.*, 884.)

Cette manière d'expliquer les choses et les phénomènes les plus simples suffirait parfaitement pour démontrer que *Bacon* n'avait pas la moindre idée de ce qu'il faut penser quand on se trouve en présence d'un fait, et que même il ne croyait pas que ses définitions eussent besoin de la constatation du fait qu'il veut expliquer. Il est certain que l'eau dans les puits et l'air dans les caves ne sont pas plus chauds en hiver qu'en été; il est également certain que, dans certaines conditions, l'eau saline est incapable de dissoudre le sel qu'on y ajoute, et que, dans aucun cas, elle ne le dissout plus facilement que l'eau pure.

Dans son explication de la dissolution du

sucre, il se borne à décrire simplement les choses telles qu'elles se passent; mais lorsqu'il veut en donner l'explication, il fait valoir la porosité du sucre, sans réfléchir que la partie de cette substance, immergée dans le vin, doit nécessairement être tout aussi poreuse que celle qui reste en dehors du liquide.

Continuons nos citations :

« Plusieurs rapportent, comme une expérience très-extraordinaire, que la force de deux hommes suffit pour soulever, dans le fond d'une mine, un bloc de minerai dont le déplacement exigerait au moins six hommes lorsque le même bloc se trouve à la surface du sol. C'est là un exemple d'un ordre élevé. »

Or, voici comment *Bacon* explique cet exemple (*loc. cit.*, 43) : « Chaque corps a une place qui lui est assignée par la nature; aussitôt qu'on veut l'en éloigner, il entre dans une espèce de fureur; de là sa tendance à reprendre vivement sa place primordiale dont il ne souffre point qu'on l'écarte, à moins que ce ne soit à des distances peu considérables. »

C'est de cette manière aussi qu'il explique la chute des corps et la rapidité progressive du mouvement des corps qui tombent [1].

Voici un dernier exemple :

« Des nuits sereines à ciel étoilé ou éclairé par la lune sont plus froides que les nuits à

---

[1]. Dans son excellente *Histoire des inventions, des découvertes,* etc. (*Geschichte der Enfindungen, Entdeckungen,* etc.) le professeur J. Beckmann rapporte (V. le chapitre consacré aux recherches sur le sel ammoniac) que Pline l'Ancien signale avec beaucoup d'étonnement le fait que le sel exposé à l'air après avoir été extrait du fond d'un puits acquiert un poids très-supérieur à celui qu'il avait dans l'intérieur du puits. Or, il ne serait pas improbable que ce phénomène d'abord observé sur le sel, et qu'aujourd'hui chaque écolier expliquerait aisément par l'action de l'humidité atmosphérique, eût été étendu à toutes les autres substances extraites du fond de la terre, et qu'ainsi dans ces siècles de profonde ignorance en tout ce

ciel nuageux. La raison en est dans la ténuité et la sécheresse de l'air, qui par là devient plus pénétrable et plus vif. Quant à la lune, bien que d'ailleurs elle rende l'air humide, cependant un ciel serein est toujours un signe de sécheresse de l'air. De même, un air confiné est toujours plus chaud qu'un air libre, ce qui pourrait bien provenir de ce que le froid est causé par une exhalaison froide du corps terrestre, laquelle est constamment plus active dans les lieux ouverts;

qui concerne les phénomènes physiques, on eût admis comme règle générale que ce qui est vrai à l'égard d'un bloc de sel devait l'être également à l'égard d'un bloc de substances minérales quelconques. Dans ce cas, le fait rapporté par Bacon que non-seulement il accepte comme parfaitement constaté, mais qu'il admire comme fournissant un exemple sans réplique, servirait à témoigner des sources auxquelles il puisait les connaissances physiques qu'il eut le courage d'étaler devant des physiciens tels que Galilée et Gilbert. Remonter à *Pline* pour chercher auprès de lui des inspirations dans les sciences *physiques* ou *chimiques*, c'est assurément une étrange manière de devancer ou de faire avancer son époque. P. T.

de plus, quand il n'est pas altéré par cette exhalaison, l'air possède un certain degré de calorique latent ainsi qu'un certain degré de lumière dissimulée ; autrement comment les chats et les hiboux pourraient-ils voir pendant la nuit ? » (*Sylva sylvarum*, 886.)

On remarquera que la cause assignée par *Bacon* au froid des nuits se réduit à une indication plus circonstanciée de l'état de l'air pendant les nuits froides. Les influences les mieux constatées de la lune sont (d'après *Bacon*) de quatre espèces : « la lune absorbe la chaleur de la terre (cause du froid), augmente l'humidité, occasionne la putréfaction et met en mouvement les *esprits* (*loc. cit.*, 890). » Quand *Bacon* veut se rendre compte de la rosée au clair de la lune, il l'attribue à l'humidité ; cependant il rend la lune responsable de la sécheresse de l'air pendant les nuits où cet astre est dans tout son éclat ;

seulement alors il demande que cet éclat soit fortement prononcé.

Bacon devient beaucoup plus curieux à étudier lorsqu'on le suit dans ses réfutations, dans ses argumentations et dans ses expériences. Ainsi, pour réfuter *Aristote*, qui fait dépendre du climat et des rayons solaires les couleurs vertes, rouges et azurées des plumes des oiseaux, *Bacon* dit : « Cette assertion est foncièrement erronée ; la vraie cause, c'est que chez les oiseaux l'humidité que sécrètent les animaux vivants, et qui engendre les poils et les plumes, passe à travers des vaisseaux beaucoup plus fins (*strainer*) que chez les quadrupèdes, car les plumes passent par des tuyaux, les poils par la peau. » (*Loc. cit.*, 5.)

Le fond de la définition se réduirait donc à ceci : les oiseaux n'ont de couleurs plus belles que les quadrupèdes que parce qu'ils possèdent des plumes, c'est-à-dire que parce qu'ils sont des oiseaux ; peu importe après cela qu'il y ait des oiseaux noirs ou blancs, chez lesquels les sécrétions qui produisent les plumes doivent également passer par les tuyaux de celles-ci.

Les exemples que je vais citer seraient tout à fait incompréhensibles si l'on n'admettait pas que *Bacon* exposait toutes ses études de la nature sans être sorti de son cabinet de travail, que les faits qu'il rapporte étaient empruntés aux livres, et que la plupart des expériences et des résultats qu'il invoquait en faveur de ses assertions étaient de pures imaginations de son cerveau. *Bacon* débute toujours par nous donner l'explication d'un fait, explication qu'il soumet à une épreuve probante ; puis il entreprend de présenter ce fruit de son invention comme le résultat d'une expérience réelle.

Ainsi *Bacon* admet que l'*esprit-de-vin* a une chaleur latente ; il le démontre, dans

Novum organum, par ce fait, que du blanc d'œuf jeté dans l'alcool se coagule comme par l'ébullition, et aussi par cet autre fait que « du pain plongé dans l'alcool se grille et se recouvre d'une croûte à l'instar du pain grillé au feu. »

Or, cette dernière assertion est complétement fausse.

De même, *Bacon* se figure que le durcissement et la putréfaction des corps mous s'opèrent par trois moyens qui sont : la chaleur, le froid et l'assimilation. Pour le démontrer, il rapporte l'expérience suivante faite par lui, dit-il, avec le grès et l'étain (*pewter*) : il fait chauffer l'un et l'autre dans une grande quantité d'eau, et ensuite il déclare que « le grès s'est ramolli, mais que l'étain, qui n'a pu être pénétré par l'eau, est au contraire devenu plus blanc, semblable à l'argent et a perdu beaucoup de sa flexibilité. » (*Sylva sylvarum*, 82.)

Eh bien, nous savons que, placé dans de semblables conditions, l'étain n'est susceptible de subir aucun changement, et que, par conséquent, tout ce que *Bacon* en dit est encore une pure fiction.

Ce défaut de véracité grandit chez lui à mesure que les phénomènes dont il prétend donner l'explication se compliquent. La flamme et ses propriétés l'occupent souvent : « Elle n'est point, dit-il, de l'air en ignition, ainsi que plusieurs l'admettent : au contraire, l'air est hostile à la flamme; il cherche à la déplacer, la resserre de haut en bas, et lui donne de cette manière sa forme conique. Si cette compression opérée par l'air n'avait pas lieu, la flamme resterait ronde et aurait une forme globulaire. »

Voici l'expérience qu'il cite à l'appui de cette assertion : « Que l'on attache une petite bougie en cire dans l'intérieur d'un tube métallique, et que l'on place cet appareil dans un large plat en versant sur ce dernier de l'esprit de vin; puis qu'on allume d'abord la bougie et ensuite l'esprit-de-vin : on verra que la flamme de la bougie s'étendra au milieu de celle produite par l'alcool brûlant, et que la première deviendra globulaire et conservera sa forme. C'est un phénomène bien instructif dont on peut tirer cette double conséquence : 1° qu'une flamme n'éteint point l'autre; 2° que les flammes ne se confondent point entre elles comme l'air se confond avec l'air. » (*Loc. cit.*, 3.)

A cela *Bacon* rattache ensuite l'idée qu'il se forme des corps célestes qui lui paraissent être autant de flammes roulantes. Or, on sait que toute cette expérience est purement et simplement impossible; car il n'y a point d'oxygène au milieu d'une flamme, et une deuxième flamme ne saurait s'y trouver.

Bacon prétend qu'en se dissolvant les corps deviennent plus pesants, et il nous le démontre par la preuve suivante :

« Que l'on pèse, chacun séparément, du fer et de l'acide nitrique, que l'on mette ensuite le fer en contact avec ce dernier, de manière à le faire dissoudre : on trouvera que la solution aura exactement le poids du fer et de l'acide réunis, malgré la perte que cette solution éprouve par le fait des substances qui s'en échappent sous forme d'une épaisse vapeur rouge. Cela prouve que la dissolution d'un corps accroît le poids de ce même corps. » (*Sylva sylvarum*, 189.)

Rien de plus plaisant que ce qu'il ajoute : « J'ai fait, dit-il, cette expérience deux ou trois fois, sans cependant être certain qu'elle ne soit entachée de quelque erreur. » Quant à nous, voici comment nous expliquons ce commentaire : *Bacon* aura trouvé ce que l'on trouve infailliblement en répétant cette expérience, savoir : une diminution de poids ; mais son idée lui aura été plus chère que le fait lui-même ; aussi, pour la soutenir, ne manque-t-il point dans plusieurs autres occasions d'affirmer, devant son lecteur, que la dissolution (*opening*) des corps accroît leur poids.

Les expériences que nous venons de citer ne sont que des échantillons d'expériences que *Bacon* qualifie de *fructueuses;* mais il en est d'autres qu'il appelle *lumineuses*. Ces deux genres d'expériences diffèrent entre elles, en ce que les premières ont été faites conformément à une idée et servent de démonstration, tandis que « les expériences *lumineuses* possèdent l'admirable propriété de ne jamais tromper les attentes. En effet, elles ne sont pas accomplies en vue d'un problème quelconque, mais uniquement pour pénétrer la vraie cause d'un phénomène. Le résultat de ce genre d'expériences est toujours parfaitement assuré. »

L'exemple suivant que donne *Bacon* d'une semblable expérience *lumineuse* (*Novum organum*, *Aph*. 99) prouve qu'il entend par là certaines expériences auxquelles on se livre sans savoir ce que l'on fait; on peut les comparer à des actes dénués de motifs et suivis de résultats sans portée et sans but.

« La durée d'une flamme placée dans diverses conditions mérite, dit *Bacon*, d'être étudiée. Nous allons d'abord parler des corps qui brûlent directement et sans intervention d'une mèche quelconque. Une cuillerée d'esprit-de-vin chaud brûla pendant 116 battements du pouls; la même cuillerée, avec l'addition de 1/6 de salpêtre, brûla pendant 94 pulsations, et avec 1/6 de sel, pendant 83 pulsations; avec 1/6 de poudre à tirer, pendant 110 pulsations; un morceau de cire, placé au milieu de l'esprit-de-vin, brûla pendant 87 ; un morceau de silex, pendant 94 pulsations ; avec un 1/6 d'eau, pendant 86 pulsations, et avec la même quantité d'eau, seulement pendant 4 pulsations. » (*Sylva sylvarum*, 366.)

Bacon veut ainsi mesurer, en la fixant par des nombres, l'influence qu'exercent des corps divers sur la combustion de l'esprit-de-vin. Mais d'abord il ne peut se servir de ces chiffres pour un résultat quelconque, puisque une *cuillerée* n'exprime qu'une mesure tout à fait vague, variant selon les dimensions d'une cuiller ; ensuite la durée de combustion a été arbitrairement établie et modifiée par lui-même, nullement par les substances qu'il a placées dans la cuiller. Qui ne voit que le temps que met l'esprit-de-vin à brûler dépend de la quantité de ce dernier ? Et comme dans une cuillerée sans salpêtre, poudre à tirer, silex, etc., il y a plus d'esprit-de-vin qu'avec l'addition de ces substances, il est évident que les chiffres qu'il a obtenus n'expriment point une relation quelconque entre ces substances et l'acte de combustion. Une cuillerée d'esprit-de-vin sans mélange a dû naturellement brûler plus longtemps, puisque dans toutes les autres expériences la cuillerée renfermait moins d'esprit-de-vin.

« La vraie méthode ne cherche point au hasard, dit *Bacon* ; les faits bien compris lui fournissent des principes (*axiomata*) qui, une fois établis, mènent à de nouvelles expériences. » (*Novum organum*, Aph. 81). Cette maxime, qu'un demi-siècle avant *Bacon*, *Leonard de Vinci* avait déjà formulée presque dans les mêmes termes, et dont l'application conduisit ce grand homme aux plus admirables et aux plus belles découvertes dans l'histoire naturelle, dans la mécanique, dans l'hydrostatique, etc. (LIBRI, *Hist. des sciences ma-*

thém. aux XV° *et* XVI° *siècles*, Paris, 1838), se convertit dans les procédés de *Bacon* en une véritable parodie qui ne permet plus de reconnaitre la maxime qu'elle est censée représenter; l'une des meilleures preuves à l'appui de cette assertion, c'est le procédé de l'auteur pour la fabrication de l'or donné dans son *Sylva sylvarum*, pages 326 et 327.

Tous les ouvrages de Bacon débutent, comme on le sait, d'abord par des doléances répétées sur l'état misérable dans lequel les sciences se trouvaient à son époque, et sur les causes qui les y avaient réduites; viennent ensuite les apologies qu'il fait, en phrases pompeuses, des nouvelles voies et des nouveaux moyens découverts par lui, afin, dit-il, de remédier à ce pitoyable ordre de choses, et de conduire enfin les sciences à leur véritable terme. C'est donc de cette manière qu'il commence la description de sa recette pour la fabrication de l'or.

« Le monde, dit-il, a été souvent grossièrement trompé par tout ce qui a été débité sur la question de fabriquer de l'or. Dans le fait, je crois la chose possible ; seulement les moyens proposés jusqu'ici sont pleins d'erreurs et d'impostures dans la pratique, et de fictions creuses en théorie.

« Six axiomes de maturation (*Of maturation*) ne doivent pas être perdus de vue : le premier axiome prescrit une chaleur modérée ; le deuxième la vivification et la dissolution du *spirit* métallique ; le troisième la répartition uniforme et non saccadée des *spirits* ; le quatrième la nécessité d'empêcher l'évasion d'aucun *spirit* ; le cinquième le choix du métal le plus approprié à l'objet ; le sixième, enfin, le soin d'accorder le temps nécessaire à l'opération. »

Puis il continue ainsi : « Il faut construire un petit four et y entretenir une chaleur modérée ; choisir l'argent comme matière première, et y ajouter $\frac{1}{10}$ de mercure et $\frac{1}{12}$ de salpêtre. L'opération doit durer six mois : un peu d'huile, ajoutée de temps à autre à ce mélange, donnera au métal de la densité et de l'élasticité. » (*Loc. cit.*, 327.)

Cette recette nous représente au complet *Bacon* et ses œuvres. Tous les moyens proposés par lui, pour la fabrication de l'or, ne sont qu'erreurs et impostures, de même que les axiomes composant sa théorie ne sont que fictions creuses.

Qu'on lise avec la plus grande attention et avec la meilleure foi du monde son *Novum organum*, ou tout autre de ses ouvrages; qu'on se donne la peine de suivre patiemment et avec persévérance une seule des idées de l'auteur à travers tous ses détours et tous ses circuits, et l'on trouvera infailliblement qu'à son début l'ouvrage ressemble à une source jaillissant avec vigueur, qui promet non-seulement de se répandre au milieu de prairies verdoyantes, ornées de fleurs et de taillis ombreux, mais encore qui s'annonce comme devant former d'abord un ruisseau capable de faire tourner des moulins producteurs, et ensuite un fleuve susceptible de porter des bâtiments. Malheureusement, à mesure que le pèlerin descend la source, il est conduit dans un désert où toute vie s'éteint, et où l'onde traîtresse se perd dans des sables stériles. Mais peut-être que cette déception n'est qu'accidentelle ; on poursuit et l'on espère qu'une deuxième, une troisième tentative conduiront dans un autre sentier, et amèneront quelque dédommagement à tant de fatigues et de déceptions. Rien, et définitivement il faut s'arrêter à la triste conviction que tout cela n'était qu'une vaine fantasmagorie. Alors, on se sent blessé, la rougeur monte au front à la pensée qu'on a pu se laisser aller un instant sur la trace d'un pareil charlatan, et qu'on s'est exposé à tomber dans un piége aussi grossier.

Au reste, il est impossible de refuser son admiration à la dextérité dont *Bacon* fait preuve dans le choix et l'application des moyens qu'il emploie pour produire une profonde impression sur l'esprit de la société pour laquelle sont écrits ses ouvrages. Les succès qu'il obtint disent assez la justesse avec laquelle il sut reconnaître le point de vue sous lequel cette société considérait tout ce qui avait trait aux sciences d'observation.

D'ailleurs le fatras d'érudition qu'il exhibe dans ses *Historia naturalis*, *Historia ventorum*, *Historia soni et auditus*, *Historia densi et rari*, etc., n'est, ce que d'ailleurs il ne dissimule guère, que l'œuvre d'un plagiaire qui emprunte en grande partie à ses contemporains. Ainsi sa table des corps électriques et non électriques, de même que les phénomènes relatifs à l'aimant (*Inquisitiones de magnete*) sont littéralement extraits du célèbre ouvrage de *Gilbert* (*de Magnete, magneticisque corporibus et de magno magnete telluro, Physiologia nova*, London, 1600). Il décrit le thermoscope avec les propres termes de *Drebbel*, son inventeur, qu'il a soin de ne pas nommer. A cet égard, il se montre fidèle à la maxime qu'il recommande si souvent, savoir : « De renoncer à citer toute autorité, et de ne se laisser conduire que par soi-même ; » car jamais il ne mentionne l'auteur d'un ouvrage dont il s'empare, jamais il ne daigne lui adresser quelque parole reconnaissante [1].

[1]. Il serait très-aisé de dresser une longue liste, non-seulement des plagiats commis intentionnellement par *Bacon* au détriment de ses prédécesseurs ou de ses contemporains, mais encore des faits que par pure ignorance il signale comme nouveaux, bien qu'ils fussent connus depuis longtemps de tout le monde. A cette deuxième catégorie se rapporte, par exemple, ce que *Bacon* dit de la propriété qu'a le salpêtre, mêlé à la neige, de produire un froid intense et de se prêter par là à la con-

Sans doute, avec notre susceptibilité pour ces sortes de choses, aujourd'hui le procédé de *Bacon* ne manquerait point d'être flétri ; mais, du temps du célèbre chancelier, le pillage commis par les grands aux dépens des petits était à l'ordre du jour ; et les idées relatives à la propriété et au vol étaient loin d'être aussi nettement établies qu'elles le sont actuellement. D'ailleurs, chez *Bacon* en particulier, le pla-

gélation artificielle de l'eau ; procédé qu'il a l'air de faire connaître comme une chose nouvelle (*De Augm. Scient.*, vol. II, *Sylva Sylv.*, cent. I). Or, ce procédé était tellement connu à l'époque de *Bacon*, que l'usage du mélange réfrigérant du salpêtre et de la neige avait déjà été décrit avec beaucoup de détails par Latinus Tancredus, professeur à Naples, dans son ouvrage intitulé de *Fame et Siti*, publié en 1607, et par conséquent antérieurement aux ouvrages susmentionnés de *Bacon*. Et, quant à l'action réfrigérante du salpêtre sur l'eau, elle était si généralement connue en Italie au seizième siècle, que, d'après les savantes recherches de J. Beckmann (*Geschihte der Erfindungen und Entdekungen*), déjà, en 1550, on ne servait sur la table des familles riches de Rome que de l'eau ou du vin rafraîchis par ce procédé.   P. T.

giat était censé s'exercer en faveur d'une entreprise très-noble. De plus, *Bacon* vivait dans une sphère trop élevée pour que la voix de ceux qui se seraient permis une plainte eût jamais pu s'y faire entendre. C'est bien dans ce sens qu'il écrivait à *Burghley* (Lettre 7) : « J'ai fait entrer dans mon domaine toutes les connaissances humaines; » et comme, en sa qualité de conquérant, il devait trouver fort déplacé de rencontrer dans ce domaine des gens auxquels il n'aurait pu imposer un silence absolu, il ajoute : « Seulement, il serait bon de le purger des deux espèces de pirates (*rowers*) qui y ont causé bien des dommages : les uns par de frivoles raisonnements, réfutations et un grand luxe de paroles; les autres par des expériences aveugles, des traditions orales et des tromperies. »

Sans jamais nous dire ou seulement nous

faire entendre les péchés dont se sont rendus coupables dans leurs observations, leurs expériences, leurs conclusions ou leurs manières de voir ses contemporains et ses prédécesseurs qu'il condamne si énergiquement, il se contente de réunir pêle-mêle les ingrédients les plus répulsifs en une espèce de *magma*, qui doit paraître à tout le monde parfaitement indigeste.

« Une étude vraiment sincère de la nature, dit-il, n'existe point : cette étude a été gâtée et empestée par Aristote, grâce à sa logique; par Platon, grâce à sa théologie naturelle; et enfin par Proclus et d'autres (*les néo-platoniciens*) grâce aux mathématiques. » (*Novum organum*, I, 96[1].) Bacon évite les mathématiques avec une sorte de terreur, comme un véritable poison; ce n'est pas qu'il se dissimule l'action puissante

---

1. *Pièces justificatives*, n° I.

qu'elles sont susceptibles d'exercer, mais leur importance réelle n'est jamais où il la croit.

« Crédules et superficiels qu'ils sont, les savants prêtent leurs oreilles aux contes et aux expériences qu'ils connaissent par ouï-dire, et ne se font aucun scrupule de consolider et de constater leurs investigations à à l'aide de semblables matériaux. — Dans leur *Histoire naturelle*, il n'y a rien qui ait été correctement observé, contrôlé, calculé, pesé et mesuré. Et comme leurs observations sont vacillantes et vagues, leurs explications offrent le même degré de déception et d'incertitude. » (*Loc. cit.*, I, 89 [1].)

Il est évident que *Bacon* n'écrivit point ses ouvrages pour ceux de ses contemporains qui s'occupaient des sciences d'observation ; car, selon lui, ces pauvres gens étaient tous du même calibre, sans au-

---

1. *Pièces justificatives*, n° II.

cune exception; tous faisaient partie de la foule et n'étaient que des bavards, plagiaires, trompés ou trompeurs, complétement indignes de l'attention d'un gentleman. « Personne ne se trouva jusqu'à lui doué d'une âme assez forte pour se dépouiller de toutes les anciennes théories et doctrines, et pour se vouer à l'étude des choses spéciales. Voilà pourquoi les connaissances que l'on possédait avant lui ne sont qu'un ramas de crédulités, de casualités et de conceptions puériles. » (*Loc. cit.*, I, 96[1].)

Mais il n'en est pas de même à l'égard de *Bacon*.

« Lorsqu'un homme (*Bacon*) d'âge mûr, de sens droit et d'âme épurée, consacre son intelligence à l'étude des faits spéciaux, on a droit d'en mieux augurer. » (*Novum organum*, I, 97[2].)

---

1. *Pièces justificatives*, n° III.
2. *Ibid.*, n° IV.

« Nous nous promettons en partie les destinées d'Alexandre le Grand, ce qui ne doit pas nous exposer au reproche de vanité ; car il nous est loisible de nous appliquer l'observation que Tite-Live fait à propos d'Alexandre, puisque la postérité pourra dire de nous aussi (c'est ainsi du moins que l'entendait le modeste personnage) que nous avons accompli de grandes choses, parce que nous avons considéré comme minime ce que d'autres estimaient être grand. » (*Novum organum*, I, 97[1].)

« Semblable à Colomb, nous voulons découvrir dans les sciences un Nouveau Monde. » (*Novum organum*, I, 93[2].)

« Et nous ne sommes nullement de ces simples prometteurs qui font violence au jugement d'autrui ou cherchent à le fourvoyer ; au contraire, nous conduisons les

---

1. *Pièces justificatives*, n° V.
2. *Ibid.*, n° VI.

hommes par la main et de leur plein gré. »
(*Novum organum*, I, *ibid.*[1].)

Sachant que dans le plus grand nombre de cas il est en dehors du vrai, *Bacon* est assez rusé pour chercher à émousser d'avance la pointe des armes de ses adversaires ; il n'a pas d'indulgence pour les autres, ils lui sont en effet si notoirement inférieurs, car il est, lui, tellement supérieur aux autres ! Mais il admet comme quelque chose qui va de soi, qu'on doit user d'une tout autre mesure quand il s'agit de juger le noble Lord dont les exploits égalent ceux d'Alexandre le Grand et de Colomb ; aussi nous tient-il par provision ce langage : « Si en lisant attentivement notre *Histoire naturelle* et nos *Tables des inventions* (*Inventionibus tabulas*), on découvrait, fût-ce même dans nos expériences, quelques parties incertaines, sinon

---

1. *Pièces justificatives*, n° VII.

complétement fausses, on serait peut-être porté à en conclure que nos principes et nos découvertes sont sans valeur. Ce serait se tromper : il en est simplement comme de ces bévues que pourrait commettre un typographe en plaçant une fois par hazard une lettre à la place d'une autre; de telles bévues ne donnent aucun embarras au lecteur expérimenté. Donc, si des erreurs et des choses fausses se trouvaient dans notre *Histoire naturelle*, ouvrage compulsé avec tant de soins, tant de diligence et tant de conscience religieuse, cela n'a absolument aucune importance; — autrement, que dirait-on alors de plusieurs autres ouvrages d'histoire naturelle qui, comparés au nôtre, ont été rédigés avec tant de négligence et tant de crédulité? » (*Novum organum*, I, 118 [1].)

On le voit, apothéose pour soi-même et

---

[1]. V. *Pièces justificatives*, nº VIII.

calomnie pour les autres marchent constamment de pair chez le noble Lord, exactement comme chez le commun des mortels.

A l'entendre, avant de critiquer ses propres ouvrages, il faudra procéder à l'examen de ceux des autres, qui ne fournissent que de méchantes pièces en cuivre, tandis que lui bat de la monnaie d'or; en sorte que si, par le plus grand des hasards, cette monnaie venait à trahir çà et là quelques grains d'alliage, on ne doit attribuer de semblables peccadilles qu'à certains moments de hâte et de défaut de précaution ; d'ailleurs, le public lui-même peut faire aisément le triage.

Bacon n'oublie pas de faire observer à ce bon public qu'il est en droit d'attendre de sa part encore autre chose en retour des services qu'il lui rend.

« Travail et salaire ne se trouvent guère réunis chez le même individu. Les progrès des sciences émanent d'intelligences supérieures; mais les bénéfices qui en résultent sont recueillis par la foule et par les grands qui, à quelques rares exceptions près, s'élèvent à peine au-dessus de la médiocrité; de sorte que ceux auxquels on doit les progrès de la science, non-seulement sont frustrés de la rémunération qui leur serait due, mais n'ont pas même les suffrages reconnaissants de la multitude. » (*Novum organum*, I, 91 [1].)

Chez *Bacon* tout vise à l'effet extérieur; nulle part dans ses ouvrages on ne découvre une trace de ces joies et de ces affections intimes que causent aux éminents explorateurs de la nature, tels que *Képler*, *Galilée* et *Newton*, leurs investigations et leurs découvertes, ni de ce sentiment d'humilité dont ils se sentaient pénétrés chaque fois que l'accomplissement d'une grande œuvre leur per-

---

1. *Pièces justificatives*, n° IX.

mettait de mieux apprécier les choses plus grandes encore qu'il leur restait à accomplir. Aussi, quoique poursuivis, traités avec indifférence ou opprimés, ne s'avisaient-ils jamais de déprécier ce que faisaient les autres; jamais il ne vint à l'esprit d'aucun d'eux de convoiter les libéralités ou les suffrages de la foule en retour de travaux qui par eux-mêmes leur suffisaient pour leur procurer d'inépuisables jouissances.

Placé en regard de ces hommes, *Bacon* ne peut nous apparaître que sous la forme du Docteur Merveilleux, debout devant sa boutique, dénigrant ses concurrents, vantant ses spécifiques et ses panacées comme capables de ressusciter les morts et de supprimer les maladies, terminant ses annonces par la déclaration que de tels bienfaits prodigués au genre humain méritent leur récompense.

« A dire vrai, s'écrie *Bacon*, notre *Sylva*

sylvarum n'est point une vulgaire *Historia naturalis*, mais bien une œuvre de haute magie naturelle ; car ce n'est pas seulement la description de la nature : c'est la révélation de ses ouvrages les plus grands et les moins connus. » (*Sylva sylvarum*, 93.)

Nous savons maintenant ce qu'il en est : l'*Histoire naturelle* de *Bacon* n'est point le monde tel que Dieu l'a créé ; au contraire, dans tout ce que *Bacon* y a ajouté du sien, c'est un monde d'erreurs et d'impostures. D'après ce que nous avons dit de cet ouvrage qui est la base de son *Novum organum*, on peut se figurer d'avance ce que doit être cette dernière œuvre.

Dans l'appréciation du *Novum organum*, on ne doit pas se laisser éblouir par les phrases scintillantes comme des pierres précieuses, qui ne font que trop aisément oublier les erreurs qu'elles masquent. Ce qu'il y a de plus important pour nous, c'est la *méthode inductive* que *Bacon* recommande aux savants comme un *nouvel instrument* découvert par lui, instrument destiné à conduire ceux qui sauront s'en servir au terme de leurs efforts. Mais puisqu'en usant de cet instrument on n'a guère le droit de s'attendre à des résultats supérieurs à ceux qu'en obtint *Bacon* lui-même, qui d'ailleurs nous a donné une description détaillée du parti qu'on en peut tirer, en l'appliquant à ses recherches sur la nature de la chaleur, il est évident que nous ne saurions manquer d'avoir une idée très-précise de la valeur de la méthode en question, si nous examinons attentivement la manière dont il la met lui-même en pratique.

II

Méthode inductive de *Bacon*. — Instances affirmatives et négatives. — Degrés de la chaleur. — Théorie des instances. — Méthode d'élimination. — Argumentation de *Bacon*. — Sa dialectique. — Recette pour la production de la chaleur. — Idées de *Bacon* relativement à la pesanteur. — Pesanteur et mouvement. — Qualités et quantités. — Faculté du sens de perception chez *Bacon*. — Investigation et phénomènes. — Doctrine de *Newton*. — *Bacon*, le naturaliste des *Amateurs*.

Voici le procédé de la *Méthode inductive* de *Bacon*. Supposez qu'il s'agisse d'examiner la nature du calorique : dans ce cas, on commence par dresser deux tables renfermant tout ce qui possède la chaleur ou l'opposé de la chaleur. Les choses susceptibles de chaleur sont rangées dans la première table et constituent les *Instances affirmatives* [1], tandis que toutes celles qui excluent la chaleur viennent se placer dans les *Instances négatives* qui forment la deuxième table. Je ne choisirai dans les deux tables dressées par *Bacon* que les *Instances* suivantes :

Possèdent la *chaleur* ou sont chauds :	Ne possèdent point la *chaleur* ou sont *froids* :
1. Les rayons solaires, particulièrement en été et à midi.	1. Les rayons lunaires.
3. Les éclairs, qui mettent le feu aux objets qu'ils foudroient.	2. Les rayons solaires dans la région moyenne du globe.
4. Toute flamme.	3. Les éclairs froids.
12. L'air dans les caves en hiver.	4. Le feu Saint-Elme, la phosphorescence de la mer.
13. La laine et les plumes.	12. L'air dans les caves en été.
22. L'huile de vitriol.	
24. La fiente fraîche de cheval.	
26. *Spiritus vini, spiritus origani*, vinaigre concentré.	

Un coup d'œil jeté sur ces tables suffit sans doute pour prouver qu'elles ont été

---

1. Dans la terminologie de Bacon, *Instances* signifie exemples, cas, faits, phénomènes.

compilées dans divers livres par l'un des secrétaires de *Bacon*, lequel se sera empressé de recueillir tous les passages où figuraient les mots : *chaleur, chaud, incandescent, froid, refrigérant, rafraîchissant, etc.* C'est bien pour cela qu'on y voit l'huile de vitriol qui *brûle* les habits, l'eau-de-vie, le vinaigre, le *spiritus origani* qui *brûle* la langue, placés à côté des plumes et de la laine qui tiennent *chaud;* et de même la fiente fraîche de cheval qui *fume*, à côté de la flamme et des rayons solaires.

Ces deux tables une fois dressées, on en construit une troisième : la *Tabula graduum*, dont l'application a lieu plus tard dans les procédés des inductions ; puis on compare la valeur relative des *Instances affirmatives et négatives*, et l'on prépare ainsi les éléments d'un jugement définitif.

Pour s'acquitter de toutes ces opérations, le noble Lord n'a certes pas jugé nécessaire de quitter sa table de travail. C'est ainsi, par exemple, que, d'après lui, le bois est plus chaud que le métal ; — le soufre contient une chaleur potentielle ; — la chaleur naturelle des plumes est démontrée par l'action des étoffes faites de duvet, telles qu'on en possède en Orient, et dans lesquelles il suffit d'envelopper le beurre pour le fondre. A cette occasion, il traite également la question de savoir si, à l'aide de substances qui ont un goût *chaud*, on ne parviendrait pas à *fumer* la viande? Selon lui, la flamme de l'esprit-de-vin a le degré le plus bas de chaleur ; le bois en petits copeaux a plus de chaleur que le bois en bûches ; — le fer incandescent est plus chaud que la flamme de l'esprit-de-vin (qui rend le fer incandescent) ; le *mouvement* exerce de l'influence sur la chaleur ; le mouvement du vent et celui du soufflet augmentent la chaleur ; — quand on fait *mouvoir* lentement le cône d'un verre ardent (lentille) sur un morceau d'amadou, celui-ci prend feu *plus promptement* que lorsqu'on le place immédiatement (et sans mouvement de la main) dans la direction du foyer ; — le froid excite et stimule les flammes à devenir plus chaudes, ainsi qu'on le voit par la manière dont les combustibles se comportent dans les cheminées pendant l'hiver. L'action d'un mouvement hostile à la chaleur est démontrée par la facilité avec laquelle on éteint un charbon : par exemple, en mettant le pied dessus ; la pression empêche la chaleur de se mouvoir dans le charbon et de le consumer : — car les flammes demandent de l'espace ou de la place pour se mouvoir et pour jeter de l'éclat, à l'exception des flammes intumescentes, comme celles de la poudre à canon, parce que la compression les fait entrer dans une espèce de fureur. — L'air est de toutes les substances celle qui absorbe le plus promptement la chaleur, ainsi qu'on le voit par le thermoscope de *Drebbel*. — L'air se dilate par la chaleur et se resserre par le froid.

Afin de bien saisir le procédé inductif de *Bacon*, il serait peut-être utile ici de développer sa théorie des *Instances* telle qu'il l'applique à ses recherches. *Bacon* se figure que, dans chaque cas considéré en lui-même, une partie seulement de la loi qu'on cherche est appréciable, le reste étant voilé par d'autres phénomènes; en sorte que cette partie appréciable se trouve dans un cas plus à la portée de l'observation ou de l'intelligence que dans un autre cas. Par conséquent, il faut réunir autant d'*Instances* que possible, et savoir y distinguer celles qui permettent de reconnaître la loi d'une manière pour ainsi dire palpable.

Bacon distingue de cette façon 27 *Instances* d'après le degré de leur valeur probante, telles que : *Instantiæ migrantes, solitariæ, clandestinæ, ostensivæ*, etc.; et afin de les caractériser, il cite pour chacune d'elles des exemples qui doivent paraître au lecteur complétement dénués de sens et de signification, ce qui cependant n'est guère le cas quand on considère le point de départ des idées de l'auteur.

Dans l'examen de la lumière, ce sont les couleurs du prisme qui constituent les *Instantiæ solitariæ* (comme de raison, il faut se passer du *pourquoi?*);— dans l'examen de la couleur blanche, il place l'écume de l'eau et le verre pulvérisé au nombre des *Instantiæ migrantes;* — dans l'examen de la pesanteur, c'est le mercure qui, à cause de son poids considérable, fournit l'*Instantia ostensiva;* — dans l'examen de la liquidité, c'est à l'écume du savon ou au jet d'eau qui s'écoule sans interruption, qu'est empruntée l'*Instantia clandestina* ou *crepus-*

culi (nommée ainsi, parce que dans l'écume du savon on ne reconnaît plus le fluide, et que le jet d'eau continu pourrait tout aussi bien être un morceau solide de verre).

Une fois armé des appareils nécessaires (ce qui veut dire qu'après qu'on a décidé lesquels d'entre les *Instances* ainsi réunies sont d'une nature palpable, probante et convaincante, procédés qui supposent naturellement une manière de voir arrêtée d'avance), *Bacon* commence l'opération de l'*élimination*. Or, les différentes *Instances* doivent subir une analyse raisonnée, ce qui veut dire pour *Bacon* qu'il faut jeter par dessus le bord, à quelques rares exceptions près, toute la cargaison de phénomènes et d'effets dont on a si péniblement chargé son vaisseau.

Ainsi Bacon dit, par exemple : la chaleur est *terrestre et céleste;* — donc jetons à la mer les *volcans* et les *rayons solaires*. Le fer devient *chaud* dans le feu, mais ne se *dilate* point; — donc à la mer la *dilatation*.

L'air se *dilate* par la chaleur sans devenir plus *chaud* pour cela, — donc à la mer la *locomotion* et le *mouvement d'extension*.

L'essentiel dans ce procédé, c'est que la méthode d'élimination puisse s'appliquer à tout ce qui nous embarrasse.

« Ceci une fois accompli, dit *Bacon* (c'est-à-dire, tout cela une fois jeté par dessus le bord, en bloc ou en détail, selon la convenance de l'auteur), on obtient la conviction que les choses éliminées ne font point partie de l'essence de la chaleur; l'observateur en est donc affranchi et n'a plus à s'en occuper. *Omnes et singulæ naturæ prædictæ non sunt ex forma calidi. Atque ab omnibus naturis prædictis liberatur homo in operatione super calidum.* » (*Novum organum*, II, 18).

Maintenant que l'honnête disciple a suivi le maître par monts et par vaulx, maintenant que, tout essoufflé et hébété, il cherche vainement un signe quelconque qui lui indique sa route, le maître vient et lui dit : « Vous êtes arrivé au terme de votre course, car, tout bien pesé, la nature de la chaleur semble se révéler dans le mouvement. On peut le démontrer à l'aide de trois *Instances ostensives*, savoir : 1° par la flamme qui évidemment (*maxime ostendetur*) est dans un mouvement constant; 2° par le bruissement et le mouvement de l'eau qui bout; 3° par *l'accroissement* de la chaleur à la suite de *l'augmentation du mouvement* produit à l'aide de l'insufflation de l'air; enfin par la *diminution de la chaleur* et l'extinction du feu à la suite de la *suppression du mouvement de la chaleur*, ce qui s'opère par la pression et la compression (par exemple en comprimant avec le pied un charbon brûlant)[1]. »

« La nature du calorique se révèle également par le fait qu'une chaleur intense détruit ou du moins altère d'une manière appréciable tous les corps. Il en résulte clairement que la chaleur cause dans les parties intérieures du corps des mouvements de tumulte, de perturbation et de violence [2]. »

Il est à peine nécessaire de donner plus de développement aux définitions de *Bacon*; il suffit de faire observer qu'il a cru devoir ajouter deux modifications et deux variantes à sa première définition de la chaleur, afin d'y faire rentrer tout ce que les sens peuvent admettre comme effet de la chaleur.

La méthode de *Bacon* cesse d'être incompréhensible quand on se rappelle qu'il est

1. V. *Pièces justificatives*, n° X.
2. Ibid., n° XI.

jurisconsulte et juge, et que, par suite, il applique à la nature les procédés d'une enquête civile ou criminelle.

Se plaçant à ce point de vue, on comprend immédiatement sa division en *Instances* et les valeurs relatives qu'il leur attribue; ce sont des témoins qu'il entend et sur les dépositions desquels il fonde son jugement. A l'occasion d'un meurtre par exemple, un témoin déclare avoir entendu parler du crime, un autre témoin dit avoir vu un homme s'enfuir dans une certaine direction (ce serait une *Instantia crepusculi*); un troisième dit avoir entendu la détonation et avoir aperçu le feu d'un fusil; un quatrième avoir assisté secrètement au meurtre même, etc. Deux ou trois dépositions comme celles du quatrième témoin suffiraient pour constituer des *Instantiæ ostensivæ*. La cause offre donc tous les éléments nécessaires à un arrêt. Quant aux autres témoins, le juge veut bien recueillir leurs dépositions, mais sans qu'elles exercent une influence décisive sur son jugement.

Relativement à la chaleur, voici donc à peu près la manière dont raisonne *Bacon*, selon ses habitudes de juriste :

Il n'y a rien à faire avec la chaleur du soleil à cause de la présence des neiges perpétuelles sur les montagnes élevées, bien qu'elles soient plus rapprochées du soleil; les rayons lunaires ne valent guère mieux, car, concentrés dans le foyer d'une lentille, ils dégageraient peut-être du calorique; la chaleur des plumes, de la laine, de la fiente de cheval, sont en relation avec la chaleur animale, très-mystérieuse quant à son origine; comme le fer ne se *dilate* point sous l'action d'une température très-élevée, et comme l'eau bouillante est très-chaude sans être *lumineuse*, cela permet de lancer contre les phénomènes de la *dilatation* et de la *lu-*

mière un jugement d'alibi. Les sens peuvent tromper à l'égard de la chaleur, puisqu'à une main *froide* l'eau tiède paraît *chaude*, et que la main *chaude* peut trouver *froide* la même eau. Le goût est encore moins concluant. Le vitriol *brûle* les étoffes, mais étendu d'eau il a un goût acide et ne fait pas éprouver à la langue une sensation de chaleur; le *spiritus origani* a une saveur *brûlante*, mais il ne brûle pas la main. — Il ne reste donc plus que ce que les yeux peuvent voir et les oreilles entendre, c'est-à-dire la trépidation ainsi que le mouvement intérieur de la flamme et le murmure de l'eau bouillante. Voilà des aveux qu'on peut renforcer par l'application de la torture, et cette torture c'est le soufflet, à l'aide duquel l'agitation et le mouvement de la flamme deviennent si violents qu'on entend celle-ci bruire exactement comme le fait l'eau qui bout. Qu'on y ajoute enfin la pression du pied qui expulse tout ce qui reste de calorique, et la malheureuse chaleur, serrée ainsi par le juge, est forcée de se laisser arracher l'aveu qu'elle est un être inquiet, tumultueux et fatal à l'existence civile de tous les corps.

Qu'on ne croie pas que ce soit là une image figurée de la méthode inductive de *Bacon* : non, c'est cette méthode telle qu'il la donne.

Bacon couronne ses études sur la nature de la chaleur par une des choses les plus curieuses entre toutes celles que contient son ouvrage : c'est une recette pour la production de la chaleur :

« Si vous parvenez, dit-il, à provoquer dans un corps naturel un mouvement qui se traduise par la dilatation et l'expansion, mais en réglant ce mouvement de telle manière que sans s'opérer uniformément il n'ait lieu que sur certains points, *nul doute que vous n'engendriez la chaleur* [1]. »

Quant à nous, les seuls enseignements vrais que nous puissions tirer de cette recette obtenue à l'aide de la méthode inductive de *Bacon*, c'est qu'avec de tels moyens l'inventeur lui-même de cette méthode ne parviendrait jamais à faire naître du feu, c'est qu'en outre on ne chauffe pas un fourneau avec un tel galimatias.

Bacon promet de nous guider dans la voie qui conduit à la solution des plus hautes questions sur la matière et l'essence des choses; et, lorsque nous le suivons, il nous promène dans un labyrinthe dont il ignore lui-même l'issue.

La méthode inductive ne lui est absolument d'aucune utilité pour le développement des conceptions les plus simples; à la fin d'une discussion prolixe, nous apprenons

---

1. V. *Pièces justificatives*, n° XII.

exactement ce que nous savions déjà au début; il tourne dans un cercle en nous disant ce qu'il pense des choses qu'il a entrevues de loin, mais jamais il ne quitte le terrain étroit sur lequel il s'est placé : *il est incapable de s'élever aux conditions les plus élémentaires de la température, de se former la moindre idée de la manière inégale dont elle se propage, des bons ou mauvais conducteurs, ou du rayonnement de la chaleur;* en sorte que l'on a de la peine à comprendre comment un homme tantsoit peu disposé à l'observation, qui entreprend l'étude de la chaleur en sachant parfaitement que le froid a des propriétés restringentes au point qu'une forte gelée fait perdre leur assiette aux clous enfoncés dans un mur, comment un homme qui a appris, à l'aide du thermoscope de *Drebbel*, la dilatation de l'air par l'échauffement et sa condensation par le refroidissement; comment, dis-je, un tel homme a fait pour ne pas s'apercevoir que le changement opéré dans le volume des corps, selon les divers degrés de la température, est une des propriétés les plus constantes de la chaleur ?

Dans la manière dont *Bacon* observe et envisage la pesanteur, le poids et le mouvement, on reconnaît toujours la même obscurité, la même impuissance.

Ainsi, par exemple, *Bacon* accueille l'idée de *Kopernik* relativement à la pesanteur ; mais ce qu'il y ajoute nous prouve aussitôt qu'il ne la comprend pas ; là où il s'agirait d'en faire usage, il retombe dans l'ancienne ornière d'Aristote. Les exemples suivants ajoutés à celui déjà précédemment mentionné, relativement au poids d'un bloc de minerai dans une mine (p. 5), suffiront pour nous permettre d'apprécier les idées que *Bacon* s'était formées sur la pesanteur.

Il croit d'abord (*Top.*, *part.* 2, *Sc. cap.* III)

qu'il est important « de distinguer les corps susceptibles de mouvement, de pesanteur et de la légèreté, de ceux qui ne sont ni pesants, ni légers [1]. »

Puis il pose (*ib.*, *sub.* 9 et 10) les questions suivantes : « un morceau de métal, placé dans une balance, soit sur de la laine, soit sur une vessie gonflée, ou sans l'un ou l'autre de ces objets, a-t-il le même poids [2]? — Si l'un des bras d'une balance est plus long que l'autre, tous les deux étant d'ailleurs du même poids, le premier fera-t-il pencher la balance [3] ? »

Ces questions seules prouvent que *Bacon* n'avait point une juste idée, ni de la pesanteur, ni du levier.

Quant à la manière d'envisager le mouvement, elle est tout à fait d'accord avec sa

---

1. *Pièces justificatives*, n° XIII.
2. *Ibid.*, n° XIV.
3. *Ibid.*, n° XV.

théorie des *Instances*; ainsi *Bacon* distingue :

1. *Le mouvement de l'impénétrabilité*, c'est-à-dire le *mouvement* que fait la matière pour conserver sa place.

2. *Le mouvement de la liberté*, terme par lequel *Bacon* désigne l'élasticité, en citant pour exemple le pistolet à air qui sert de joujou aux enfants.

3. *Le mouvement de cohérence* ou horreur du vide.

5. *Le mouvement d'appétence*,—lorsqu'une éponge absorbe l'eau et expulse l'air.

6. *Le mouvement de plus grande congrégation*,— lorsque les corps tombent pour se réunir à la terre.

7. *Le mouvement de plus petite congrégation*,—lorsque, par exemple, la crème monte à la surface du lait ou la levure à la surface du vin.

9. *Le mouvement de fuite*, comme, par

exemple, l'horreur du salpêtre pour la flamme.

Chaque locomotion ou même chaque mouvement ne comportant point un changement de place donnent lieu, pour *Bacon*, à autant de sortes différentes de mouvement dont chacune, comme de raison, est censée avoir une cause ou un motif particulier; mais n'attendez point que *Bacon* essaye de vous donner une idée quelconque de la locomotion, en groupant un certain nombre de faits connus, se rattachant naturellement les uns aux autres : il connaît l'expérience d'Archimède avec la couronne du roi Hiéron; il sait que des corps gras sont spécifiquement plus légers que l'eau et doivent par conséquent surnager; mais la concentration de la partie grasse du lait à la surface de ce liquide est pour lui chose incompréhensible; dès lors elle est censée être produite par le *Motus congregationis minoris*. Lorsque nous détournons le nez d'une mauvaise odeur et que nous éprouvons des nausées, nous nous livrons à un *Motus fugæ*. Les pulsations du pouls et le battement du cœur sont un *Motus trepidationis*. Si l'eau dégoutte, c'est le *Motus congregationis majoris* qui l'emporte sur le *Motus continuationis*.

Et tous ces mouvements s'opèrent parce que, selon *Bacon*, les corps « *désirent, appétent, craignent, préfèrent, invitent, ont horreur, éprouvent de la jalousie.* »

Quant à une loi du mouvement, à une attraction réciproque des masses dans le sens de *Newton*, ou à quoi que ce soit de nécessaire, de coërcitif dans le mouvement, *Bacon* n'en a aucune idée[1].

---

[1]. Ainsi que nous le verrons dans la partie consacrée à la polémique que le livre de M. *de Liebig* a soulevée, ce passage a donné lieu à de fausses interprétations auxquelles le lecteur impartial n'est nullement exposé; car il est évident qu'ici M. *de Liebig* n'a eu aucune intention de reprocher à *Bacon* d'avoir ignoré certaines vérités dé-

Il n'a pas échappé à quelques auteurs qui se sont occupés de la méthode d'investigation de *Bacon*, que cette méthode doit recéler une erreur fondamentale; cependant ils ne se sont guère rendu compte de la nature du vice. D'après M. *Feuerbach*, dans l'intelligence de *Bacon*, l'idée de la *qualité* jouait le rôle dominant et régulateur, tandis que le côté défectueux de sa méthode tient particulièrement à l'absence complète de toute idée de *quantité*, idée qui dans les époques subséquentes, ainsi que dans la nôtre, a présidé à l'étude de la nature. Si tel était réellement le cas, on n'aurait point le droit de

couvertes postérieurement à son époque; tout ce que M. *de Liebig* dit (en le prouvant d'ailleurs), c'est que les idées de *Bacon* sur la pesanteur comme sur tous les autres phénomènes de la nature étaient parfaitement les mêmes que celles de son siècle, et qu'ainsi, pour ce qui concerne la pesanteur, *Bacon* n'avait rien ajouté aux doctrines admises de son temps relativement à cette force, doctrines si différentes de celles établies plus tard, notamment par *Newton*. P. T.

rejeter la méthode de *Bacon*, attendu que l'observateur de la nature doit d'abord connaître d'une manière très-précise les phénomènes ainsi que les qualités des choses et leurs relations mutuelles, avant de pouvoir songer seulement à les mesurer ou en général à les traduire par un chiffre quelconque.

L'investigation *quantitative* est précédée et déterminée par l'investigation *qualitative*; cette dernière découvre la loi, l'autre la fixe. Le fait que le plomb, l'or, le bois, la pierre emploient le même temps pour tomber de la même hauteur, a précédé la détermination de la loi relative à la chute des corps. Le vice radical de la méthode de *Bacon*, c'est qu'elle ne se prête ni à l'investigation qualitative ni à l'investigation quantitative; c'est-à-dire que ce n'est pas une méthode du tout pour l'étude des phénomènes naturels. Que la chaleur se propage de deux manières, savoir, par le rayonnement et la transmission ; que les métaux soient de bons conducteurs thermiques comme la laine et les plumes n'en sont point, ce sont là des vérités qui ne se rattachent nullement à un chiffre. Tel est aussi le cas de la chaleur spécifique et de la chaleur latente, qui doivent d'abord être établies qualitativement avant qu'on soit à même de les mesurer. J'ai déjà fait observer que la méthode de *Bacon* ne saurait conduire à aucun des faits susmentionnés relatifs à la chaleur.

L'exploration précise des attributions des corps ou des propriétés qualitatives des phénomènes naturels suppose une faculté de perception bien exercée, fidèle et non entravée par des idées préconçues; or, chez *Bacon*, cette faculté n'était rien moins que développée.

Nos sensations sont tellement nombreuses et variées, que le langage manque de termes pour les distinguer. C'est ce qui fait que les sens doivent se prêter mutuellement le concours de leurs perceptions, afin d'exprimer certaines analogies ou certaines différences entre les impressions que reçoivent nos organes. C'est ainsi que nous parlons de *tons* dans la peinture, sans songer à quelque chose qui soit susceptible d'être *entendu* par nos oreilles ; nous parlons de *couleurs* dans l'acoustique, sans qu'il s'agisse pourtant de quelque chose de *colorié* pour nos yeux ; et c'est de la même manière que, dans nos langues, l'usage a prêté au sens du goût certaines impressions qui dérivent du sens du toucher ; tels sont le goût *réfrigérant* attribué à la menthe, le goût *chaud* au gingembre, le goût *brûlant* à plusieurs huiles volatiles.

On pouvait, un siècle antérieurement à *Bacon*, se montrer indulgent envers un médecin de l'école de Galien, lorsqu'il attribuait la sensation de froid ou de chaleur produite sur notre langue par la menthe ou le gingembre à des principes de froid ou de chaleur inhérents à ces végétaux; cependant même ce médecin ne prenait guère ces mots à la lettre quant à leur véritable sens; mais lorsque *Bacon* le fait, cela prouve précisément toute l'insuffisance des titres qu'il croyait posséder à être le réformateur de la physique.

Les causes des phénomènes naturels, ainsi que l'essence intime des choses, sont tout aussi inaccessibles à nos sens que les pensées qui déterminent les actes de l'homme; mais la nature n'a point de volonté et ne nous cache rien; tout l'art consiste à la faire parler.

Nous commençons l'investigation d'un fait, d'un phénomène ou des propriétés d'une chose, par l'examen de leur origine. Chaque chose a son caractère; nous cherchons pour ainsi dire à faire agir ce dernier afin de reconnaître ce qui lui est propre ; si c'est un phénomène, nous savons qu'il a des parents et des enfants, et lorsque nous en avons fait la connaissance et que nous envisageons alors le phénomène dans son ensemble, les questions que nous avons à lui adresser naissent d'elles-mêmes, et il nous dit tout ce que nous désirons connaître ; nous savons que pour comprendre le grand nous devons commencer par ce qui le précède, c'est-à-dire par ce qui est petit et insignifiant en apparence, et, dès lors, le vide des conclusions de *Bacon* cesse de nous étonner, parce que nous nous convainquons que les idées et les conceptions qu'il apporte pour examiner les choses et les faits sont également vides.

Dans ses explications, c'est toujours *Bacon* qui prend la parole sans jamais permettre aux choses de parler elles-mêmes ; c'est que, pour être leur interprète, il fallait auparavant connaître leur langue, et c'est précisément là ce que *Bacon* ignorait le plus.

Le caractère essentiel d'idées neuves et fécondes se laisse souvent reconnaître à ce signe, qu'elles sont contraires au courant des idées de l'époque, et qu'elles ne sont en définitive acceptées qu'après avoir été en butte à une longue opposition.

L'exemple le plus remarquable sous ce rapport est l'accueil qui fut fait en Angleterre à la nouvelle doctrine de *Newton*. Quarante années après la publication de son immortel ouvrage, le système de Descartes était encore enseigné dans les universités de l'Angleterre comme le seul vrai. Chose étrange! il n'a même pas été donné à *Newton* de voir de son vivant un interprète de ses doctrines à Cambridge, où il avait si longtemps professé. Il est vrai qu'il devint de bon ton de faire grand cas de son érudition et même quelquefois d'affecter de l'orgueil à le signaler comme un ornement du pays; mais cela n'empêcha point ses doctrines et ses calculs de rester longtemps presque inconnus; en sorte que ce ne fut qu'en 1718 que *Samuel Clarke* parvint, à l'aide d'un subterfuge, à faire entrer, dans les leçons des professeurs des universités anglaises, les idées de Newton; en les y glissant sous forme de notes ajoutées à un traité élémentaire de la physique cartésienne.

Combien fut différent l'accueil que trouvèrent les écrits de *Bacon*! Aucune de ses doctrines n'eut la mésaventure d'être révoquée en doute; car elles étaient tellement en harmonie avec les idées du vulgaire ignorant, que chacun y reconnaissait sa propre idée; la méthode si commode de l'investigation de la nature, donnée par *Bacon*, devait nécessairement trouver une approbation générale, car elle n'exigeait ni connaissances préliminaires approfondies, ni efforts spéciaux. D'ailleurs la répugnance pour les choses du passé, pour la tradition et pour l'autorité, était l'un des traits caractéristiques de l'esprit du siècle de *Bacon;* et cette disposition avait fait naître chez les peuples de l'Europe une véritable soif d'élargir le domaine des connaissances acquises; or, la coupe qu'on leur offrait pour étancher cette soif était si élégamment ornée, et celui qui la faisait circuler était un si grand seigneur!

Par ses *Essais, Bacon* était devenu l'un des écrivains les plus populaires en Angleterre; et l'on conçoit que pour un homme de tant d'esprit aucun but ne devait paraître impossible à atteindre. *Mais la renommée que lui valurent ses écrits ne repose point sur les suffrages des physiciens, des astronomes, des chimistes, des médecins ou des techniciens, pour lesquels cependant il avait inventé sa nouvelle méthode d'investigation; cette renommée ne repose que sur l'appro-*

bation de la foule des amateurs, *des dilettanti*. Pour ces derniers, les ouvrages de *Bacon* ont dû être, en effet, une véritable source d'instruction et de stimulant d'un nouveau genre, puisqu'ils y trouvèrent, pour la première fois, exprimé dans la langue du pays et propagé par un homme tel que *Bacon*, une masse de phénomènes et de faits intéressants disséminés dans une foule de livres latins inaccessibles à la grande majorité.

Quant aux investigateurs de la nature, quant aux vrais savants de son époque, ils ne se doutèrent même pas de lui, comme aussi *Bacon* ne se douta jamais de la signification et de la portée de leurs travaux. Ce que les secrétaires chargés de sa grande compilation n'avaient point compris ou avaient négligé de copier, resta parfaitement inconnu du maître.

III

Les sciences d'observation à l'époque de *Bacon*. — *Guido Ubaldi*. — *Simon Stevin*. — *Galilée*. — *Kepler*. — *Thomas Harriot*. — *Giordano Bruno*. — *Gilbert*. — Découvertes astronomiques faites à cette époque. — Bacon les ignore ou ne les comprend point. — Action préjudiciable exercée par Bacon sur le développement des sciences.

Déjà, en 1577, *Guido Ubaldi* avait développé (*Méchanic, libri* 6) les lois du levier et du point de gravité, et, en 1596, *Simon Stevin* en avait fait autant pour les lois du mouvement et de l'équilibre des corps liquides fluides. De même, dès le commencement du dix-septième siècle, tout le monde connaissait les expériences de *Galilée* sur le pendule et sur la chute des corps, ainsi que sur les lois qui s'y rattachent relativement à la chute libre et à la chute sur le plan oblique, lois qui jetèrent une lumière plus vive sur la nature de la force de gravitation [1]. *Kepler* avait déjà (*Astr. nova*) expliqué les phénomènes de la marée comme un effet de la force attractive de la lune.

Thomas Harriot, compatriote de *Bacon*, avait enrichi le domaine de l'optique par les découvertes les plus remarquables; il découvrit en 1610 les taches solaires (ce qui, selon M. *Zach*, indiquerait que *Harriot* avait connu le télescope avant *Galilée*), et il fournit dès l'année 1606, dans sa 233ᵉ lettre à *Kepler*, la première explication satisfaisante de l'ori-

---

[1]. Le nom de *Galilée* ne se rencontre dans les ouvrages de *Bacon* que deux fois, et, dans les deux cas, cette mention n'est faite qu'à l'occasion de ce que lui écrivait d'Italie, relativement à *Galilée*, M. Mathew, qui avait traduit en italien les *Essais de Bacon*.

gine des couleurs de l'arc-en-ciel. En 1580, et par conséquent encore sous le règne d'*Elisabeth*, *Giordano Bruno*, qui s'était réfugié d'Italie en Angleterre, avait fait à Londres et à Oxford des cours publics et soutenu des thèses sur la rotation et le mouvement de la terre, — *et cependant Bacon veut faire accroire à ses compatriotes que jusqu'à lui les sciences d'observation s'étaient trouvées dans le plus pitoyable état; — qu'elles n'avaient été qu'une chose morte, immobile comme une statue; — qu'elles s'étaient détachées de leur racine qui est la nature et l'expérience.* La vérité, c'est que *Bacon* ne se doutait nullement ni des pensées actives qui, à son époque, étaient en mouvement dans le domaine des sciences, ni des gigantesques travaux accomplis par ses propres contemporains.

Ce fut sous ses yeux qu'en 1603, *Gilbert* posa les bases de nos connaissances actuelles du magnétisme et de l'électricité; à la suite d'une longue série des plus admirables expériences, il démontra que la propriété que possède l'ambre frotté d'attirer des corpuscules légers, est une propriété générale de beaucoup de corps, et que même toute matière, sans distinction aucune, est susceptible d'être attirée; que l'effet de l'attraction persiste pendant longtemps dans l'air sec, mais s'évanouit promptement dans l'air humide; enfin *Gilbert* en déduisit la conséquence que les corps électriques doivent produire des émanations à l'aide desquelles ils s'attirent mutuellement. C'était donner et fixer la direction à toutes les investigations ultérieures. Mais les études de *Gilbert* sur l'aimant sont bien plus profondes et plus remarquables encore : *Gilbert* distingua les pôles de l'aimant (pôle Sud et pôle Nord), et mit à même de les reconnaître en nous apprenant que les pôles du même nom se repoussent, et que les contraires s'attirent. Ce fut lui qui déclara le premier que la terre elle-même n'est qu'un grand aimant ; que des barres de fer, placées dans la direction du méridien magnétique, deviennent elles-mêmes magnétiques ; que cette force agit dans tous les sens et à travers tous les corps sans différence aucune, et que, selon les localités, le méridien magnétique diffère du méridien astronomique. Enfin, il découvrit le moyen d'accroître l'action de l'aimant à l'aide d'armures, ainsi qu'une foule d'autres phénomènes. On verra plus tard l'attitude que prit *Bacon* en présence de telles découvertes.

Nous savons par les ouvrages d'*Agricola* (années 1494-1555) l'extension qu'à cette époque avait acquise la connaissance des terres, des roches, des minéraux et des métaux. Grâce à *Paracelse* (1493-1531) le système médical de Galien s'était écroulé, et des idées tout à fait nouvelles sur la nature des maladies et de l'action des médicaments s'étaient frayé une route. *Presque chaque jour amenait de nouvelles découvertes : celles des satellites de Jupiter, des anneaux de Saturne, des montagnes dans la lune, aussi bien que des lois du mouvement des planètes, sont de l'époque de Bacon. De tous ces grands travaux et résultats auxquels se rattachent ceux de notre époque actuelle, comme à autant de premiers anneaux d'une longue chaîne non interrompue, Bacon ne comprit et ne sut absolument rien.* Et lors même qu'il les eût connus, la direction particulière de son esprit l'eût rendu incapable d'en comprendre la portée : *car, à une époque où aucun astronome ne niait la rotation de la terre et son mouvement autour du soleil, Bacon les nia effrontément ; ce fut lui également qui combattit la matérialité du son, et qui en attribua la propagation à travers l'air à une espèce particulière de mouvement spirituel (species spiritualis*); ce fut lui qui crut à la *sympathie* et à l'*antipathie des choses*, à l'*élixir vital*; et ce fut lui encore qui, même dans l'*Art de faire l'or*, se posa en initié et en maître.

Il en est souvent des erreurs et des fausses doctrines scientifiques comme des costumes de la haute société, qui n'abandonne ces costumes que pour les léguer aux classes du peuple où ils se maintiennent quelquefois pendant des siècles après qu'ils ont été voués à l'oubli par leurs anciens protecteurs. Tant il est vrai que les idées humaines sont condamnées à traverser successivement toutes les couches sociales avant de disparaître.

Les doctrines erronées et fausses d'une époque qui n'est plus dominent, subjuguent fréquemment l'esprit des peuples pendant une longue suite d'années, alors même que les racines de ces doctrines parasites sont déjà mortes. Voilà comment *Bacon* a pu rassembler les lambeaux d'une science usée jusqu'à la corde, pour en fabriquer un nouvel habit à l'usage de ses compatriotes; voilà pourquoi ceux-ci avaient cru pouvoir s'en revêtir comme d'un costume élégant et commode, bien qu'ils laissassent à découvert une notable partie du corps. Il en résulta nécessairement que, plus les mensonges prenaient possession du terrain, plus devait être longue et pénible la lutte entre les idées anciennes et idées nouvelles apportées par *Newton*, *Harvey* et *Bayle*.

IV

Bacon et le roi *Jacques Ier*. — Échecs de *Bacon* sous le règne d'*Elisabeth*. — Sa position avantageuse sous *Jacques Ier*. — Caractère vain et présomptueux de *Bacon*. — Manière dont *Bacon* sut exploiter les faiblesses de son souverain. — *Historia vitæ et mortis*. — Tendances honteuses de cet ouvrage et preuves d'ignorance et de mauvaise foi qu'il renferme.

Bien qu'il n'ait point compris la vraie tendance de l'esprit de son époque, il n'en est pas moins certain qu'un homme aussi naturellement sagace que *Bacon* a dû en saisir le mouvement intellectuel, et il possédait assez de talent et de persévérance pour les faire servir à ses avantages personnels. D'ailleurs l'occasion favorable ne lui manqua point.

Il est vrai que *Bacon*, sous la reine *Elisabeth*, échoua complétement dans tous ses efforts pour obtenir un poste officiel, malgré la coopération de ses parents, *Cecil*, le premier ministre, et *Burghley*, ministre des finances, ainsi que de son influent ami le comte d'*Essex*. Le fait est que la prudente reine ne voyait en lui qu'un causeur spirituel sans fond solide; c'est ce qui résulte d'une lettre d'*Essex* à *Bacon* [1].

Mais sous *Jacques* Ier, successeur d'*Elisabeth*, l'étoile de *Bacon* ne tarda point à s'élever, et il atteignit promptement les

---

[1]. *Bacon* naquit en 1560; il était fils de Nicolas Bacon, conseiller intime et ministre de la reine Elisabeth. Sous Jacques Ier, *François Bacon* fut nommé, en 1607, solliciteur général, en 1612 attorney général, garde des sceaux en 1617; il fut accusé et convaincu de corruption, dans le parlement; et, à la suite de ses propres aveux, il fut déclaré par la Chambre des lords indigne d'occuper un poste officiel et condamné à une somme de 40,000 livres sterling. Le roi le releva de sa condamnation. Il se retira en 1621 à sa campagne, où il mourut en 1626.

plus hauts degrés de puissance et de considération auxquels il lui fût possible d'aspirer.

En raison de son isolement et des difficultés des relations scientifiques avec le continent, l'Angleterre était alors de tous les pays celui où les sciences d'observation étaient le moins répandues, à l'exception de la physique peut-être ; et néanmoins le trône était occupé par un prince fier de son érudition, faisant parade de ses connaissances, et insatiable de louanges.

La nature avait créé *Jacques I*^{er} et son grand chancelier l'un pour l'autre ; ce qui manquait à l'un, l'autre le possédait surabondamment. Ainsi que *Mucaulay* le rapporte, les efforts et les aspirations du grand chancelier avaient pour objet : richesse, honneurs et considération, la couronne de comte, la dictature dans la Chambre des communes, le grand sceau, de beaux jardins, une riche vaisselle, de somptueux tapis, des joyaux et de l'or; il était prodigue et constamment chargé de dettes écrasantes. D'un autre côté, le roi, possédé de la manie d'écrire et de rédiger des traités scientifiques, s'était formé un idéal, celui d'être le *Salomon* de son époque. Un prince qui se croyait la science infuse avait besoin d'un ministre capable d'apprécier, de coordonner et de faire valoir ses trésors intellectuels [1]. Or, à coup sûr, il n'était guère possible de trouver quelqu'un qui sût mieux que *Bacon* faire épanouir le cœur de son souverain par un langage plus mielleux et par un encens plus abondant, administrés chaque jour sous mille formes nouvelles. *Bacon* commença par élever à la fausse science un temple richement orné au milieu duquel il plaça le trône du roi, temple dans lequel il cumula les fonctions de grand-

---

1. Le roi appelait souvent *Bacon* son sage intendant (*husbard*). V. *Supplique au roi*, lettre 216.

prêtre et de serviteur. Aux abords de l'édifice, il se présentait devant la foule en prophète ; mais dans l'enceinte sacrée, là où se dressait le trône royal, il ne voulait être qu'un astre recevant sa lumière du soleil.

Quand il parlait au peuple, il était la source du savoir ; comparés à lui, *Platon* et *Aristote* n'étaient que des enfants loquaces, incapables de produire[1] ; leurs œuvres n'étaient que des planches légères que le fleuve du temps nous a apportées précisément à cause de leur exiguité et de leur ténuité[2] ; mais, lorsqu'il s'adressait à Sa Majesté, il n'était plus que *le seau et la citerne*, pour puiser et recueillir, tandis que le roi était *le puits* (de science). C'est

---

1. Et certe habent id quod puerorum est : ut ad garriendum prompti sint, generare autem non possint : nam verbosa videtur sapientia eorum et operum sterilis. (*Novum organum*, I, 71.)

2. Tum demum philosophiæ Aristotelis et Platonis tanquam tabulæ ex materia leviore et minus solida, per fluitus temporum servatæ sunt. (*Novum Organum*, I, 77.)

en parlant au peuple qu'il disait : « qu'il avait converti tout savoir en son propre domaine, où il ne s'agissait plus que de faire main basse sur tous les rêveurs et les fourbes, » — « qu'il fallait le prendre pour modèle, lui qui n'avait jamais eu de prédécesseur. » Mais en s'adressant au roi il s'effaçait volontiers ; aussi, lors de la réception du *Novum organum* que *Bacon* avait envoyé à *Jacques Ier*, celui-ci lui exprime (le 16 octobre 1620) la satisfaction qu'il a eue de retrouver dans cet ouvrage ses propres idées et opinions.

Pour *Bacon*, la renommée n'était qu'un capital qui lui faisait toucher de très-gros intérêts en or et en honneurs ; et lorsque dans l'introduction de son ouvrage : *De dignitate et augmentis scientiarum*, lib. I, le grand chancelier adresse à *Jacques Ier* ces paroles : « Il ne serait pas aisé de trouver, depuis Jésus-Christ, un roi comparable à Votre Majesté pour la culture de l'esprit et la variété des connaissances dans toutes les branches des sciences divines et humaines, — un roi, fils de roi, qui ait puisé comme Votre Majesté aux sources de l'érudition et qui soit lui-même une source. Cela tient, du miracle[1] ! » Lorsque, dis-je, *Bacon* prêtait à *Jacques Iᵉʳ* de telles mérites, évidemment le roi se constituait débiteur perpétuel de son grand chancelier. On conçoit après cela pourquoi *Bacon* a dû trouver bon tout moyen de grossir son capital, et combien il a dû être indifférent aux suffrages des savants et des explorateurs de la nature qui, selon sa manière de voir, n'étaient que des gens de peu.

1. Neque vero facile fuerit regem aliquem, post Christum natum, reperire qui fuerit Majestati tuæ litterarum divinarum et humanarum varietate et cultura comparandus. Et regem, et regem natum veros eruditionis fontes hausisse, et ipsum fontem eruditionis esse, probe abest a miraculo.

Rien n'égale la variété des sphères d'action où *Bacon* se transporte successivement ; mais quel que soit le domaine qu'il aborde, son but est toujours le même : il se fait historien, et aucune besogne ne lui paraît trop humble, pourvu qu'elle lui donne l'espoir d'accroître son influence auprès du roi. En envoyant à celui-ci l'*Histoire de son temps*, il lui écrit : « Le signe le plus léger de Votre Majesté suffira pour me faire changer les passages qui lui déplairaient, et si les louanges en votre honneur ne paraissent pas assez accentuées, je prie Votre Majesté de vouloir bien considérer que l'art de l'écrivain consiste à répartir les éloges de telle manière que le lecteur ne se doute point de l'intention. »

L'ouvrage de *Bacon* intitulé *Historia vitæ et mortis* est un livre très-précieux pour l'appréciation du caractère de l'auteur. Cet écrit a particulièrement pour objet l'art de prolonger la vie humaine ; il semble avoir été fait tout exprès pour justifier les propensions de certains personnages de la cour aux orgies de la table et à d'autres excès, et pour diminuer en eux la crainte de la mort.

On voit que c'est seulement aux hommes d'âge mûr que ce livre est destiné. Aussi l'auteur n'y dit-il rien des propriétés naturelles de l'enfance et ne parle-t-il des femmes qu'en passant. Ce qui préoccupe d'abord *Bacon*, ce sont les signes auxquels on reconnaît la longévité, et sous ce rapport il ne paraît avoir que trois genres de personnes en vue, qu'il caractérise de la manière suivante. Les personnes à teint brun, à taches rougeâtres, à peau ferme et solide, à front sillonné de rides, sont douées de longévité. Des cheveux durs et raides (probablement *ceux du roi*) sont signes d'une longue vie. Les cheveux crépus, surtout lorsqu'ils sont durs (probablement *ceux du prince Charles*) présagent la même chose.

Des cheveux crépus à touffes épaisses, mais ne formant point de grosses boucles (probablement les *cheveux de Buckingham*) sont également signes d'une longue vie. Petite tête, cou moyen, narines dégagées, grande bouche, large poitrine, épaules voûtées, ventre plat, pieds courts et ronds, cuisses maigres, mollets élevés et jambes velues, sont autant de signes de longévité. Enfin un aussi beau sort attend les personnes ayant des yeux verdâtres ou gris et un peu de corpulence dans l'âge avancé[1]. Il nous explique comment le Vénitien Cornaro s'y était pris pour vivre au delà de cent ans; mais il fait observer, à cette occasion, que la sobriété tant vantée par les médecins et les philosophes a pour résultat plutôt la conservation de la santé que la prolongation de la vie[2], et que la longévité est fréquem-

1. *Pièces justificatives*, n° XVI.
2. *Ibid.*, n° XVII.

ment le partage même des grands mangeurs et des grands buveurs [1].

Le jeûne et la maigre chère sont loin d'assurer la longévité [2]. Le régime fortifiant exige un bon vin, pourvu qu'il ne soit pas aigre ; dans tous les cas, l'excès nuit moins que la sobriété [3], et il est d'avis que de petites tournées faites de temps à autre dans les vignes du Seigneur ont leur bon côté. *Bacon* donne des instructions au chef de cuisine sur la manière de battre la viande, quoique, d'après lui, il vaudrait mieux l'amortir en la pétrissant à la main. Son livre nous apprend qu'il est très-vraisemblable que Sa Majesté prenait chaque matin un bouillon fort chaud, et pendant l'hiver quelques pilules d'aloès avant le dîner, ainsi que du vin chaud ou de la bière chaude au souper ; car, selon le

---

1. *Pièces justificatives*, n° XVIII.
2. *Ibid.*, n° XIX.
3. *Ibid.*, n° XX.

grand chancelier, toutes ces choses ont leur utilité pour la prolongation de la vie.

Bacon indique les propriétés que doivent avoir l'eau pour qu'on s'y baigne, et l'air pour qu'on respire pendant les promenades. Ses prescriptions minutieuses conduisent le lecteur à certaines fonctions vitales qu'aujourd'hui la décence du langage se refuse à préciser davantage [1]. Le tout est encadré dans des phrases prolixes sur la vie, sur la santé et sur la mort, phrases qui, comme de raison, ont autant de valeur que les théories de l'auteur sur les sciences physiques.

Quand on considère que ce livre est très-vraisemblablement dirigé contre la personne de *Harvey* [2], médecin du *roi Jacques Ier*, que

---

1. *Pièces justificatives*, n° XXI.
2. *William Harvey*, professeur d'anatomie à Londres, naquit à Folkstone, dans le Kent, en 1578. Il découvrit en 1616 et 1618 les lois de la circulation du sang, et publia cette découverte dans son *Exercitatio anatomica de motu*

celui-ci aimait beaucoup, ainsi que contre les avis de ce savant, le plus grand médecin qu'on eût vu depuis *Hippocrate*, contre celui à qui nous devons la découverte des lois de la circulation du sang, et dont le nom est encore de nos jours prononcé avec vénération et gratitude par tous les hommes

cordis et sanguinis in animalibus. Ce fut encore lui qui, dans ses écrits *De generatione animalium* et *De ovo*, établit le premier avec solidité et succès la doctrine qui enseigne que tous les êtres vivants émanent d'œufs : *omne vivum ex ovo*. L'accueil que reçurent, en Angleterre, ses œuvres immortelles est caractéristique : la grande majorité de ses adversaires étaient des médecins anglais qui firent si bien qu'il finit par perdre sa clientèle. Lorsque *Ent*, l'un de ses admirateurs, insista auprès de lui pour qu'il publiât ses recherches sur la génération, *Harvey* lui répondit : « Vous voudriez donc me conseiller de quitter ce port tranquille où mes jours s'écoulent maintenant en silence, pour aller de nouveau me confier à la mer perfide ? Vous n'ignorez certainement pas l'immense agitation causée par mes premiers travaux. En vérité, il vaut bien mieux cultiver son esprit dans le silence de sa maison que d'aller provoquer ces tempêtes qui nous enlèvent repos et paix, en faisant connaître des choses qui causent tant de peine et de travail. »

de l'art, on est pris d'une profonde indignation pour les sentiments qui ont suggéré une œuvre aussi méprisable que celle de *Bacon*.

Le fait est que, quand il s'agit de *Bacon*, on peut, sans risquer de se tromper, supposer dans tous ses actes une intention particulièrement mauvaise, et c'est pour cela que le silence qu'il garde à l'égard de *Harvey*, dont le nom est banni de ses ouvrages, est éminemment significatif; il est évident qu'à ses yeux un « scieur d'os (*sawbone*) » tel que *Harvey*, ne pouvait prétendre à l'honneur d'être mentionné par lui; le grand chancelier. Quant à *Shakspeare*, un simple acteur, il y avait encore bien moins droit[1].

---

1. A l'instar de *Harvey* et de *Newton*, *Shakspeare* peut être également cité comme un des exemples les plus remarquables du peu de sympathie que les hommes vraiment éminents inspirent à leurs contemporains. Non-seulement de son vivant, les œuvres immortelles de *Shakspeare* n'eurent aucun retentissement en Europe, mais même un siècle après sa mort, *Voltaire*, si profondément

versé dans la connaissance de l'anglais, le traite de barbare; en sorte qu'il a fallu près de trois siècles pour qu'on découvrît que le prétendu barbare n'est rien moins qu'un homme de génie, et encore le mérite de cette découverte est-il loin d'appartenir exclusivement aux compatriotes de *Shakspeare*. Il est dû en grande partie aux étrangers; car, quoique déjà, en 1802, *Coleridge*, et presque en même temps *Schelley*, eussent appelé l'attention du public sur l'auteur de Hamlet, ce furent *Schlegel* et *Gœthe* qui établirent solidement les droits du poëte méconnu. En sorte que c'est en Allemagne que fut posée la première pierre de cet autel expiatoire aux pieds duquel s'inclinent toutes les grandes intelligences de notre siècle, parmi lesquelles on compte, comme réparateurs, les *Villemain*, les *Guizot*, les *Victor Hugo*, etc.

P. T.

V

Buts que se proposent les sciences d'observation et voies qui y conduisent. — Manière dont Bacon envisageait la science. — Invention et science. — Méthode moderne de l'investigation. — Méthode des cas multiples. — Expériences servant d'auxiliaires à la logique. — Méthode empirique. — Doctrine utilitaire. — Invention et application. — Position de l'inventeur. — Attributions du savant. — Principes éthiques dans la science.

Le dévouement sans bornes dont *Bacon* fit preuve ne pouvait manquer de recevoir sa récompense. Le roi combla son ministre de présents tant en argent qu'en biens et en honneurs : il le nomma baron de Verulam et vicomte de Saint-Alban.

Ce fut au moment même où il poursuivait sa carrière sans que rien désormais parût lui faire obstacle que sa destinée s'accomplit enfin; et s'il est vrai, ainsi que ses biographes le racontent, que sa dernière maladie ait été amenée par des expériences de physique faites avec trop d'ardeur, et que ses derniers mots furent ceux qu'il écrivit à un ami en lui disant : « l'expérience a réussi, » cela prouve seulement combien *Bacon* resta fidèle à lui-même jusqu'au moment de sa mort. Déjà, dans son enfance, l'art des tours de passe-passe avait été l'objet de ses études, et c'est pour cela qu'il put dire en mourant que son expérience avait réussi, c'est-à-dire qu'il avait réussi à *tromper le monde*. La nature, qui l'avait richement doté de dons brillants, lui avait refusé le sens de la vérité et de la bonne foi; et comme ce fut le cœur plein de mensonges qu'il aborda la nature, elle ne lui obéit point et ne voulut rien lui révéler; ses expériences purent tromper les hommes, mais elles restèrent en dehors du domaine de la vérité.

En tant qu'homme de science, tout fut faux en *Bacon*. Quand il s'agit de sciences d'observation, nous ne pouvons accorder une intelligence saillante et active à quiconque est accessible au faux et insensible au vrai. Tel *Bacon* fut dans les autres actes de sa vie, tel il se montra dans la science ; il lui est complétement impossible de sortir de son cercle usuel d'idées ; le but même que *Bacon* poursuivit pendant sa vie et auquel il voua toutes ses facultés, savoir : *utilité, puissance* et *domination,* devint pour lui le terme final de la science.

L'*utilité* est à ses yeux le but que doivent se proposer toutes les opérations de l'intelligence ; en sorte que leur valeur doit être mesurée d'après le degré de leur utilité pratique ; l'*utile* et le *vrai* sont synonymes. (*Novum organum*, I, 124[1].)

---

1. V. *Pièces justificatives,* n° **XXII**.

« Le but véritable et légitime de la science, dit-il, c'est d'enrichir la vie humaine par de nouvelles *inventions* et découvertes. » (*Novum organum, Aph.* 81 [1].)

« Notre vraie tâche, ajoute-t-il, c'est de considérer *le pouvoir* de l'homme sur la nature et d'élargir les limites de sa *domination*. » (*Novum organum, Aph.* 126, 129.)

Le mot *vérité* pris dans notre sens, vérité qui est réellement le seul but et la tâche exclusive de la science, ne se trouve point dans le dictionnaire scientifique de *Bacon*.

Ce qui constitue le vrai but de la science, ce n'est ni l'intérêt, ni l'invention, ni la domination, ni le pouvoir,

L'*invention* est le but de l'art; l'objet de la science, c'est la *recherche des causes*. La première trouve ou crée les faits, l'autre les explique; les idées artistiques ont leurs ra-

---

[1]. *Pièces justificatives*, n° XXIII.

cines dans la fantaisie, les idées scientifiques ont les leurs dans la raison.

L'*inventeur*, c'est l'homme qui *fait progresser*; il a une nouvelle idée ou il en complète une déjà connue, de manière à la rendre susceptible d'effet ou de réalisation, ce qu'elle n'était pas auparavant; il abandonne le sentier frayé, mais sans connaître encore le terrain sur lequel il va poser le pied; en sorte que sur mille, un seul peut-être touche à son terme; il ne sait d'où lui vient son idée, et il est incapable de se rendre un compte exact de ce qu'il a fait.

Ce n'est qu'après lui que vient l'homme de la science pour prendre possession de sa nouvelle acquisition : la science mesure, compte et pèse le montant du bénéfice, et seulement alors l'inventeur, comme tout le monde, sait réellement ce que l'on possède; la science dissipe les ténèbres, elle éclaire ce qui est obscur; elle aplanit la voie à l'inventeur futur en lui fournissant, dans l'étendue de ses limites, une base solide et un point de départ précis pour de nouveaux progrès ; elle accorde à tous, même à l'homme faible et peu doué, la faculté de prendre sa part dans les richesses créées par les développements des connaissances, et d'en tirer parti dans son intérêt; mais elle ne travaille point pour l'*utile*, car celui qui ne cherche que cela travaille uniquement pour son propre compte.

Quelques écrivains prétendent que la méthode inductive de *Bacon* a été puisée dans la vie journalière où elle serait usuelle, et qu'il n'a fait que formuler ce que dans les cas d'observation les hommes font habituellement ; or, si telle est l'origine de cette méthode, ce serait un motif de plus pour la rendre inapplicable et impossible dans la science, car c'est précisément à la science de dissiper les illusions qui, dans la vie journalière, dominent les perceptions des sens et déterminent les jugements.

Quiconque s'est familiarisé, jusqu'à un certain point, avec l'étude de la nature, n'ignore pas que chaque phénomène naturel, chaque opération dans la nature, renferme en entier la loi ou les lois dont ce phénomène ou cette opération découle; la vraie méthode ne procède donc point, ainsi que le veut *Bacon*, d'une multitude de cas, mais seulement d'un cas particulier; quand celui-ci est expliqué, tous les autres le sont également; notre méthode est l'ancienne méthode d'Aristote, mais pratiquée avec beaucoup plus d'art et d'expérience qu'autrefois; nous examinons les cas spéciaux et notamment chaque attribution particulière en elle-même, et aussitôt que nous avons bien saisi ce qui constitue le caractère essentiel du premier cas, nous passons au deuxième cas; nous ne concluons point du particulier que nous connaissons au général que nous ne connaissons pas. Seulement, dans l'examen de beaucoup de cas isolés, nous constatons ce qu'ils peuvent avoir de commun les uns avec les autres.

Nous étudions la rouille contractée par le fer dans son contact avec l'air, l'oxydation des métaux dans le feu, la combustion d'une bougie avec dégagement de flamme, la formation du salpêtre et du vinaigre, les procédés respiratoires, le blanchiment des couleurs, la putréfaction des substances organiques, et nous trouvons que chacun de ces cas isolés renferme quelque chose qui lui est propre et quelque chose qui lui est commun avec les autres. C'est par cette dernière attribution, constituant la généralité, qu'est déterminée la catégorie.

Il n'existe point d'autre généralité dans les sciences d'observation. Ce qui est individuellement propre aux cas isolés découle d'autres lois, et par là ces propriétés individuelles se rapportent à une autre catégorie de cas, liés à leur tour par quelque chose qui leur est commun à tous.

La méthode de *Bacon* est celle des cas multiples ; et, comme chaque cas isolé, non déterminé, ne représente qu'un zéro, comme des milliers de zéros réunis ensemble, n'importe dans quel ordre, ne forment pas un chiffre, il s'ensuit que tout son système inductif ne consiste qu'en une agglomération mouvante de vagues perceptions de nos sens.

Le résultat auquel on arrive par sa méthode doit toujours être : *zéro*. En effet, les cas isolés reviennent à un point central, à un point de gravité auquel, selon *Bacon*, ils se rattachent par des lignes plus ou moins longues. Mais c'est la main de *Bacon* qui dirige les indicateurs dans le sens du point qu'il a choisi arbitrairement ; c'est ce point qui, pour *Bacon*, devient la loi qu'il s'agissait de trouver. Certes, un tel procédé ne pourra jamais conduire à la découverte de la vérité.

La vraie méthode de l'investigation de la nature exclut tout acte arbitraire, et dès lors elle est diamétralement opposée à la méthode de *Bacon*. Chaque phénomène, chaque opération dans la nature est toujours quelque chose d'entier, dont les parties constitutives échappent à nos sens. Nous constatons la rouille du fer, la croissance des végétaux ; mais nous ne savons rien de l'air, rien de l'oxygène, rien du sol ; de tout ce qui se passe à propos des faits dont il s'agit, nos sens ne savent rien. Nous apercevons le feu et l'eau, mais nous ignorons ce que c'est que l'ébullition.

Si nous nous représentons le phénomène naturel comme point central d'un cercle, et les conditions qui produisent les phénomènes comme autant de rayons du cercle, il nous devient positivement impossible de remonter par ces derniers jusqu'au point central, parce que nous ne connaissons que celui-ci et ne savons rien des rayons. Dès lors on conçoit que notre méthode ne puisse s'élever du simple au composé, mais au contraire qu'elle procède du tout à la découverte des parties.

Bacon, dans les procédés de l'observation, attache une grande importance à l'expérimentation, mais il en ignore la portée ; il la considère comme un instrument mécanique qui, une fois mis en branle, produit l'ouvrage par lui-même ; or, dans les sciences d'observation tout examen est déductif et *a priori*; l'expérimentation n'est qu'un moyen de faciliter les opérations de la raison, à l'instar du calcul. La pensée doit nécessairement, et dans tous les cas, précéder l'expérience, si l'on veut que celle-ci ait une signification quelconque.

Une investigation empirique de la nature,

dans le sens ordinaire du mot, n'existe pas du tout. Une expérience qui ne se rattache pas d'avance à une théorie, c'est-à-dire à une idée, ressemble tout autant à une véritable investigation que le bruit d'une crécelle d'enfant ressemble à la musique.

Les méthodes que nous suivons aujourd'hui dans les sciences d'observation étaient déjà pratiquées du temps de *Bacon*; Bacon connaissait les travaux de *Gilbert*, ainsi que les doctrines et les conclusions de *Kopernic*; le jugement qu'il porte sur ces hommes est son propre arrêt de mort dans le monde scientifique.

Les faits importants découverts par *Gilbert* dans le domaine de l'électricité sont taxés de fables par *Bacon* (*Novum organum*, II. *Aph.* 48)[1]. Pour ce qui est de *Kopernic*, il le qualifie de charlatan; c'est, selon lui, un

---

1. V. *Pièces justificatives*, n° XXV.

de ces hommes qui n'éprouvent pas le moindre scrupule de se permettre une fiction, pourvu qu'elle fasse leur compte[1] (*Glob. intell.*, cap. VI). Au reste *Bacon* n'a pas manqué de nous apprendre, dans les termes les moins équivoques, que sa méthode à lui n'est point celle de *Gilbert*; car il dit : « La méthode empirique d'investigation est de toutes la plus monstrueuse et la plus informe, parce qu'elle repose sur la base étroite et sur l'obscurité d'expériences isolées. Ce mode d'investigation, qui paraît si certain ou si vraisemblable à ceux qui se livrent journellement à de telles expériences, est pour d'autres (pour lui *Bacon*) incroyable et vain (*incredibilis et vana*). De ce nombre sont par exemple les méthodes chimiques ainsi que celles de *Gilbert* (*Novum organum*, I. Aph. 64)[2]. »

On conçoit parfaitement combien peu

---

1. *Pièces justificatives*, n° XXVI.
2. *Ibid.*, n° XXVII.

devait sourire à l'esprit de *Bacon* une méthode qui exclut complétement toute espèce de charlatanisme.

Or notre méthode, à nous, c'est celle de *Gilbert*, c'est celle que *Bacon condamne* : la méthode de *Bacon* ne peut donc être la nôtre.

Combien a dû paraître petit et puéril au grand chancelier l'honnête *Gilbert*, lorsqu'il se le représentait un morceau d'ambre à la main, occupé pendant des mois entiers à frotter journellement et sans cesse cette substance sur la manche de son habit, sur des lambeaux de soie ou d'autres étoffes, ou bien s'amusant à farcir son aimant de minces aiguilles de fer afin de déterminer les pôles ? et combien absurde lui eût paru également *Galvani* s'étudiant à pénétrer la raison du mouvement convulsif dans les cuisses d'une grenouille ? Assurément, aucun esprit humain ne saurait découvrir dans de semblables occupations quoi que ce soit d'*utile* pour la société.

Mais nous, qui sommes placés plus près de toutes ces choses, nous savons ce qu'il en est résulté; nous savons aujourd'hui que *Newton* eût certainement formulé ses principes, sans avoir la moindre connaissance du *Novum organum*, mais que sans *Gilbert* nous n'aurions pas eu un *Faraday*, et que sans *Harriot* nous n'aurions pas eu un *Brewster*.

D'autre part, le type de *Bacon* a conservé ses traces même aujourd'hui dans les hautes régions de la société anglaise, sous la forme de ces parasites scientifiques, de ces *dining philosophers*, dont la mode date du règne de Jacques Ier; la seule différence entre les hommes des deux époques, c'est la nature plus élevée de ceux de la nôtre. Aujourd'hui encore l'effet des doctrines et de la méthode de *Bacon* se fait sentir çà et là dans l'esprit du peuple anglais; ces doctrines se traduisent chez le gentleman ordinaire par une certaine coquetterie à se revêtir de lambeaux empruntés à la science, et dans l'homme pratique qui en méconnaît également les véritables bases, par la manière dont il conçoit les principes scientifiques en les confondant avec les axiomes de *Bacon*, et en les acceptant avec tout le fatras de choses gratuites, stériles et impraticables qu'ils renferment.

Quant à ce qui est de considérer *l'utile* comme le *but* et la *mission* de la science, c'est une erreur qui a duré bien des siècles; la plupart des académies des sciences furent créées en vue de *l'utilité* qu'elles pourraient avoir, en répandant les lumières et en favorisant l'agriculture, les manufactures, l'exploitation des mines et les procédés métallurgiques (V. le *Statut fondamental de l'Académie de Bavière*, 1759). Là où cette erreur persiste encore aujourd'hui, le véritable terrain de la science est méconnu.

L'opinion qui s'attache aux considérations utilitaires est l'ennemie declarée de la science; en sorte qu'il est permis de préciser d'avance le degré de civilisation auquel pourra s'élever un peuple d'ailleurs parfaitement doué par la nature, quand ce peuple aura placé les considérations d'*utilité* proprement dite au-dessus de ce qui constitue le véritable but de la science.

Ce qui rend l'histoire des sciences d'observation si remarquable et si instructive, c'est que, plus que toute autre histoire, elle jette un jour lumineux sur la nature de l'intelligence humaine et sur son développement organique; c'est qu'elle démontre, sans laisser la moindre place au doute, que la direction idéale de l'intelligence des peuples constitue la force véritable et particulière de ces peuples, et que leur puissance et leur vigueur ne reposent que sur la culture de l'intelligence.

Le travail intellectuel qui conduit à une invention, et les œuvres engendrées par l'esprit humain à l'aide de l'invention, sont deux choses essentiellement différentes qui ne sont que trop souvent confondues. Voilà pourquoi on attribue fréquemment à l'invention une signification qu'elle ne possède pas par elle-même, mais qu'elle n'acquiert qu'à la suite de son application pratique.

On est généralement habitué à mesurer le mérite et la portée des hommes qui découvrent ou qui inventent d'après le degré d'*utilité* qui résulte de leurs œuvres, lorsqu'il s'agit de la vie commune, et d'après le *travail* intellectuel qu'elles ont exigé, quand il s'agit de la science ; ces deux étalons sont également incertains et trompeurs. Bien des personnes ont leur part dans les inventions les plus utiles, sans que le plus souvent on connaisse quoi que ce soit de ces mêmes personnes. Certaines inventions qui sont d'abord utiles perdent de leur valeur plus tard; d'autres en acquièrent seulement au bout de plusieurs siècles. C'est ainsi que souvent l'auteur d'un travail scientifique est très-estimé en raison des difficultés qu'il a eu à combattre, et de la précision, de l'adresse ainsi que de la sagacité dont il a fait preuve, lors même que les résultats ne correspondent nullement à l'étendue et à la variété des moyens mis en pratique; tandis que l'homme qui, à l'aide d'une grande et féconde idée, achève d'une manière satisfaisante l'édifice commencé par ses prédécesseurs, ou bien qui fraye de nouvelles voies au progrès des connaissances humaines, est rarement apprécié à sa juste valeur, quand la production de son œuvre n'est pas accompagnée du déploiement ostensible des forces dont elle émane. Dans tout travail on est naturellement porté à tenir compte des efforts.

Jugé du point de vue scientifique et eu égard au travail intellectuel et à l'existence d'un but direct et préconçu, l'inventeur d'un mélange de salpêtre, de soufre et de charbon, dans les proportions requises pour la composition de la poudre à canon, se trouve placé à un degré bien inférieur à l'orfévre qui se servit pour la première fois d'un mélange d'alun, de salpêtre et de sel gemme pour le raffinage de ses pièces d'orfévrerie ; de même, par ses travaux sur la machine à vapeur, *Watt*, aussi bien que l'inventeur du procédé américain de la séparation par voie humide de l'argent de son minerai, se trouvent placés beaucoup plus haut que *Guttemberg* qui, en inventant un nouveau système de reproduire l'écriture, n'eut d'autre but que celui de rendre inutile le métier de copiste.

Les Chinois connurent bien des siècles

avant nous la poudre à canon, l'art de l'imprimerie et la boussole ; mais toutes ces inventions furent loin de produire chez eux l'effet que sut en tirer la tendance idéaliste de l'esprit européen[1]. Un naturaliste, un mathématicien, un médecin, peuvent être d'excellents hommes de science, sans avoir jamais lu les classiques grecs ou romains, et même les poëtes de leur propre nation ; mais il n'y a qu'un homme aussi éminemment doué de facultés poétiques que *Kepler* qui ait pu découvrir les trois belles lois astronomiques désignées par son nom. Aussi, tout en tenant grand compte de la différence des directions respectives, *Homère*, *Shakespeare*, *Schiller* et *Gœthe* sont parfaitement les égaux des plus éminents explorateurs de la nature, en ce sens que la faculté intellectuelle qui fait le poëte et

---

1. V. *Piéces justificatives*, n° XXIV.

l'artiste est la même dont émanent les inventions et les progrès dans la science; et c'est ainsi que le savant le plus techniquement développé peut trouver, dans l'étude des langues et des œuvres poétiques, autant et souvent plus de profit que dans celle de certains ouvrages relatifs à sa spécialité.

Il est assez remarquable, en raison de la position occupée par *Bacon* dans les sciences d'observation, que pendant un siècle et demi son nom était à peu près complétement oublié, si ce n'est dans les épigraphes des ouvrages de ses compatriotes, et que le rang qu'aujourd'hui encore plusieurs personnes s'obstinent à lui accorder ne date positivement que de l'époque des encyclopédistes français, qui tenaient à élever jusqu'aux nues les principes utilitaires et matérialistes.

C'est bien dans le sens du principe utilitaire de *Bacon*, que M. *Macaulay* a pu dire que, s'il était forcé de choisir entre le premier cordonnier venu et les trois Livres de Sénèque sur la colère, il ne balancerait pas un instant à se décider en faveur du cordonnier, par cette raison que les souliers ont déjà empêché des millions de personnes d'avoir les pieds mouillés, tandis que l'ouvrage de Sénèque n'a encore empêché personne de se livrer à la colère. Nul doute que, nous aussi, mis en demeure de marcher dans la boue avec les trois Livres de *Sénèque* sous le bras, mais les pieds nus, ou de marcher avec des souliers aux pieds, mais sans emporter les trois Livres de *Sénèque*, nous n'optassions pour les souliers, même quand on ajouterait à l'œuvre du moraliste romain les *Essais* et l'*Histoire d'Angleterre* de M. *Macaulay;* mais là n'est pas la question.

L'homme est un être double, un animal servant de demeure à un esprit : l'animal doit avoir soin de la maison et du ménage; et tant que ceux-ci sont défectueux, le maître du logis, l'esprit, ne saurait se livrer aisément aux occupations qui sont siennes.

M. *Macaulay* pense qu'il n'est pas impossible de séparer le caractère qui détermine les actions d'un homme, dans la vie privée, des dispositions d'où résulte sa manière d'agir dans le monde scientifique, et que, par conséquent, il est permis d'admettre qu'une ambition respectable, une vaste philanthropie et un sincère amour de la vérité pourraient animer, dans son cabinet d'étude, un homme tel que *Bacon*, représenté d'ailleurs par M. *Macaulay* lui-même comme vain, égoïste, de mauvaise foi, vantard, cupide et sans honneur, ne reconnaissant point le mérite d'autrui, ne citant aucun nom sans le traîner dans la boue, ne parlant que de ses propres actes et des récompenses que l'humanité lui doit, n'étant qu'un bavard spirituel dévoré sans cesse par la passion de s'élever au-dessus des autres et de les dominer sans être en possession de connaissances solides.

Or les ouvrages de *Bacon* sont là pour réfuter cette opinion; ils prouvent que les lois morales ont évidemment la même valeur dans la science que dans la vie pratique. Quelque habile qu'il puisse être d'ailleurs, un cordonnier lui-même (pour me servir de la comparaison de M. *Macaulay*), s'il a un caractère perverti, ne fournira à ses clients que de mauvaises chaussures, bien plus faciles et moins coûteuses à faire que les bonnes, parce que ces dernières exigent un cuir irréprochable et un travail consciencieux; dépourvu de principes moraux, l'artisan ne consultera que son propre avantage; ses capacités et son adresse même s'exerceront au détriment de ceux qui lui auront accordé leur confiance; en sorte qu'il se bornera à donner, autant que possible, aux mauvaises marchandises des apparences satisfaisantes, pour nous tromper tout à la fois sur la valeur de sa fourniture et sur la nature de son travail.

La croisade de *Bacon* contre les Scolastiques était le combat du fameux chevalier avec les moulins à vent ; car déjà un siècle avant lui les immuables entraves de la Scolastique étaient brisées. L'*expérience* avait été préconisée dans toutes les langues ; *Leonardo da Vinci* l'avait prêchée en Italie, *Paracelse* en Allemagne, l'un et l'autre un demi-siècle avant *Bacon* ; *Harvey* et *Gilbert* la recommandaient du vivant même de *Bacon*.

On commettrait une grave erreur si l'on voulait apprécier d'après les écrits scientifiques de *Bacon* l'influence de ce personnage sur ses contemporains et sur l'époque suivante ; car, après tout, ces écrits ne prouvent qu'une chose : c'est que *Bacon* ignorait ou ne comprenait pas la nature et le but des sciences d'observation, et que dès lors, ses efforts pour trouver la véritable voie qui conduit à l'investigation de la vérité ont dû demeurer sans succès. Pour ce qui est de la fausseté de ses procédés logiques, ou de sa méthode inductive, ainsi que de l'inapplicabilité de ses idées aux sciences d'observation, je crois en avoir apporté des preuves satisfaisantes dans tout ce qui précède. L'opinion de ceux qui croient qu'il suffit de posséder un esprit délié, des sens bien exercés, parfaitement sains, pour saisir avec justesse un phénomène naturel, est une erreur très-généralement répandue ; le fait est que les sens qui semblent révéler à l'homme ce qui caractérise un phénomène naturel l'exposent constamment aux déceptions ; ils lui disent que le soleil et les astres tournent autour de la terre, que le feu enlève au plomb et au fer leurs propriétés métalliques. Cependant ce ne sont là que des illusions et de simples apparences. L'homme de science ne se fie point à de tels guides : à chaque pas il contrôle les témoignages des sens, et c'est précisément là que résident son art et sa véritable force.

L'une des tâches les plus aisées pour un savant de notre temps, c'est de préciser la nature d'un minéral; mais si, il y a 250 années, un homme était venu énumérer tout ce qui constitue ce procédé, en exigeant préalablement la détermination de la forme cristallographique, des relations optiques et électriques, de la pesanteur spécifique, de la dureté, de la composition chimique qui à son tour suppose la dissolution du minéral et l'examen partiel de chacun de ses éléments constitutifs, la balance à la main; si, dis-je, à cette époque reculée, un homme était venu dire qu'il fallait faire tout cela, nous aurions sans doute admiré sa pénétration d'esprit; mais de telles conditions, mises à la détermination d'un minéral, auraient été considérées par les *contemporains* de cet homme comme fantastiques et même impossibles; ou bien on lui aurait dit que sa sagesse ne servait à rien s'il ne pouvait expliquer comment toutes ces choses se faisaient. Or, nous savons que l'art précède la science, et qu'il a fallu que deux siècles se passassent avant qu'on en fût venu à préciser la nature d'un minéral. Sans doute, du temps de *Bacon*, l'art lui-même était peu développé, et personnellement il l'ignorait complétement. Par contre, il ne faut pas oublier que *Bacon* eut le mérite d'apprécier et de comprendre, avant tous les autres, la valeur et la signification des sciences d'observation pour les usages pratiques de la vie.

Les *Essais* de *Bacon* constituent des documents irrécusables de la finesse et de la sagacité de son esprit dans d'autres directions, ainsi que de sa profonde connaissance et de sa juste appréciation des relations et des situations humaines; ils ont dû produire sur ses contemporains une impression aussi vive et aussi durable que celle que produisirent en France les *Essais* de *Montaigne*, son prédécesseur.

D'ailleurs, tandis que la littérature classique constitue la base et le fond des *Essais de Montaigne*, ceux de *Bacon* indiquent déjà les premières lueurs d'une époque nouvelle qui cherche à s'individualiser et à se détacher du passé. Avec *Shakespeare* et *Bacon* commence une nouvelle littérature. *Bacon* dit lui-même de ses *Essais* : « Je ne me dissimule pas qu'avec moins de peine et de difficulté, ce genre d'écrits donnera à mon nom plus d'éclat et de gloire que tous les autres ouvrages que j'ai entre les mains. »

RÉPONSES
DE M. JUSTUS DE LIEBIG

AUX OBJECTIONS

DONT

SON ÉCRIT SUR BACON

A ÉTÉ L'OBJET [1]

I

M. C. *Sigwart* a fait paraître dans les *Annales prussiennes de R. Haym (numéro du mois d'août* 1863) un travail intitulé : *Considérations d'un philosophe et d'un naturaliste*

---

[1]. Ces réponses ont été publiées dans la *Gazette d'Augsbourg* (*Allgemeine Zeitung*), dans les suppléments (*Beilage*) et numéros suivants : n° 306, du 2 novembre 1863; n° 307, 3 novembre 1863; n° 310, 6 novembre 1863;

sur Francis Bacon. Dans ce travail, *Bacon* est soumis, en sa double qualité de philosophe et de naturaliste, à une nouvelle appréciation, eu égard particulièrement aux opinions énoncées à ce sujet par M. K. *Fischer* et par moi[1]. M. *Sigwart* pense qu'il y a lieu d'examiner la question de savoir sur quoi se fondent les louanges unanimes et les amères critiques dont *Bacon* a été l'objet, et jusqu'à quel point le naturaliste est autorisé à condamner ce que le philosophe croit digne des plus grandes éloges.

La critique de M. *Sigwart* est très-remarquable et instructive en ce sens qu'elle dissipe tout doute relativement à la véritable origine de la renommée de *Bacon*.

---

n° 311, 7 novembre 1863; n° 64, 4 mars 1864; n° 66, 6 mars 1864; et n° 67, 7 mars 1864. Les articles sont rangés dans l'ordre chronologique de leur publication et sont représentés par autant de paragraphes. P. T.

1. V. supplément à l'*Allgemeine Zeitung*, 1863, n°ˢ 100, 105.

La plupart des critiques de *Bacon* ont trouvé ceux de ses travaux qui relevaient directement de leur compétence d'une valeur très-médiocre, superficiels, peu faits pour commander l'éloge ou la reconnaissance. Le mérite de *Bacon* a été constamment placé par ses juges dans une sphère qui n'était pas la leur et qui reposait sur des faits dont l'appréciation échappait, en totalité ou en partie, à leur légitime juridiction.

Quant à la logique et à la philosophie de *Bacon*, voici, par exemple, ce qu'en dit *Sigwart* : « Rien ne prouve mieux combien peu *Bacon* était fait pour comprendre la partie abstraite de la philosophie, que sa prétention de transporter à sa manière les idées les plus générales et les plus élevées, du domaine de l'abstraction dans le domaine de la réalité. » — « Et cependant, c'est précisément la partie méthodique ou logique de son œuvre qui constitue le côté le plus faible de celle-ci, cette partie étant remplie d'inconséquences et de lacunes. Le défaut de précision logique se présente dans tous ses écrits. »

Maintenant si, considérant *Bacon* à mon point de vue, je dis qu'en sa qualité de naturaliste il est exactement le même homme que M. *Sigwart* représente comme logicien et philosophe; si je dis que rien ne prouve mieux combien *Bacon* était peu fait pour avoir l'intelligence des phénomènes naturels et des méthodes propres à conduire à leur connaissance, que sa prétention d'appliquer, à sa manière, au domaine de la réalité les règles et les principes les plus généraux; si j'ajoute que la partie méthodique, logique de ses écrits scientifiques est la plus faible de toutes, qu'elle est pleine d'inconséquences et de lacunes; si je dis tout cela à l'instar de M. *Sigwart* lui-même, M. *Sigwart* prend *Bacon* sous sa défense contre mon jugement. Il est d'avis que tout dans son client n'est pas aussi mauvais que je veux bien le faire croire, que plusieurs fautes mises à sa charge ne tiennent qu'à l'influence de son époque, qu'il y a de ma part beaucoup de malentendus, de fausses interprétations et d'exagérations, et qu'enfin telle ou telle chose doit être envisagée sous un autre point de vue à l'exemple de M. *K. Fischer*, et non pas sous celui où je me suis placé.

Il n'est pas impossible que l'on parvienne à découvrir des erreurs et des lacunes dans mon exposition historique; mais je ne crois m'être trompé ni dans l'appréciation de *Bacon*, en sa qualité d'investigateur de la nature, ni dans l'appréciation de son influence sur les sciences d'observation. La cause principale des discordances entre M. *Sigwart* et moi tient à ce qu'il envisage d'un autre côté, et, dans tous les cas, comprend autrement que moi, les faits dont il s'agit dans l'appréciation de *Bacon*.

« Chaque fois que nous prétendons, dit M. *Sigwart*, faire des reproches à un observateur d'avoir mal envisagé telle chose, de n'avoir pas découvert telle autre, d'avoir cru que les caves sont plus froides en été qu'en hiver, et qu'une flamme peut brûler dans une autre flamme, il manque à notre jugement un élément important, savoir : la connaissance précise des conditions subjectives de l'observateur tant en général qu'en particulier. Or le nombre des influences décevantes est infini. » — « Il est presque impossible, même à l'aide de l'investigation la plus loyale et la plus impartiale, de prononcer un jugement équitable sur les mérites ou les démérites des découvertes faites dans le domaine des sciences d'observation. »

Ces assertions de M. *Sigwart* sont fausses tant en général qu'en particulier, car elles excluent toute possibilité de juger des événements passés ; en sorte que si, dans le domaine des sciences d'observation, l'appréciation des mérites ou des démérites *est impossible*, elle le serait également sur tout autre terrain, et dès lors les études historiques ne seraient plus qu'un stérile passe-temps. Si, en formulant cette opinion, M. *Sigwart* ne voulait l'appliquer qu'à son point de vue personnel, il n'y aurait rien à redire; mais ce n'est pas ainsi qu'il l'entend : car il a l'air d'admettre que les ronces et les épines qu'il signale ne se trouvent que sur ma voie, et nullement sur la sienne. Ses jugements, à lui, sur l'action et sur la portée de *Bacon* sont tout aussi péremptoires; il les donne comme s'il était maître absolu des difficultés mentionnées par lui relativement aux *conditions subjectives en général et en particulier, ainsi qu'aux influences décevantes.*

Je n'ignore ni l'histoire du développement des sciences d'observation, ni les difficultés infinies que doit vaincre en lui-même, comme en dehors de sa personne, celui qui, dans ces sciences, veut arriver à une idée juste. Dans tout ce que nous ne connaissons pas ou que nous ne connaissons qu'imparfaitement, notre position est exactement celle où se trouvait *Kepler* de son temps. Or, bien de nos manières de voir pourront paraître à nos descendants tout aussi impossibles et ridicules que nous paraissent aujourd'hui les idées de *Kepler* sur les esprits qui conduisent les planètes, et sur leurs influences favorables ou hostiles. Nous ne comprenons plus aujourd'hui comment *Monnet* (1774) a pu considérer l'acide tartrique cristallisé comme un acide chlorhydrique dissimulé, comment *Hermstadt* (1782) a pu dire que l'acide tartrique ne différait point essentiellement de l'acide acétique, comment *Berzelius* a pu croire que l'acide lactique était un acide acétique dissimulé. Nous sommes pleins de crédulité superstitieuse à l'égard des choses et des faits que nous ignorons ou ne connaissons qu'imparfaitement, et il ne nous reste pour ainsi dire qu'à admettre tout ce que nous en disent ceux qui prétendent connaître ou sont censés connaître ces choses. Si quelqu'un avait voulu faire accroire à *Berzelius* que le plomb n'est que de l'argent dissimulé, l'éminent chimiste en aurait ri, parce qu'il était parfaitement familiarisé avec les propriétés du plomb et de l'argent. Pourtant, un siècle et demi avant *Berzelius*, on y croyait, aussi bien qu'à la possibilité de convertir le plomb en argent.

Dans toutes les explications des faits placés en dehors des faits connus et ne s'adaptant pas à l'ordre accoutumé de nos idées, nous sommes encore des scolastiques de pure race; nous classons la cause inconnue dans la proximité d'un effet quelconque, et tant que nous ne connaissons pas sa vraie place, celle qui est le plus à notre portée est évidemment la meilleure ; je ne rappellerai ici que la *force catalytique* qui, dans la chimie, continue encore à montrer ses oreilles çà et là. Le *mot* se présente toujours à la place de l'*idée* qui manque; tout le monde sait ce qu'on entend par ce mot : il se recommande par sa commodité, semblable à une boîte dont le couvercle est marqué d'un signe interrogatif, et dans laquelle on jette tout ce qui se rapporte à la même catégorie d'incertitudes.

Jamais il ne m'est venu à l'esprit d'adresser à un observateur du seizième siècle, ou d'une autre époque antérieure à la nôtre, des reproches sur les idées erronées qu'il a pu avoir relativement à des phénomènes de la nature, ou sur ce qu'il n'a pas découvert telle ou telle chose. Si M. *Sigwart* compare *Bacon* à *Kepler*, il commet là, à mon avis, un véritable sacrilége. Pour juger *Kepler*, il faut distinguer avec soin ce qui lui appartient en propre de ce qui revient à son époque, et c'est exactement de cette manière que j'ai essayé de séparer ce qui pouvait être particulier à *Bacon* de ce qu'il emprunte aux ouvrages de ses contemporains. Tel n'a pas été le procédé de M. *Sigwart* : il s'ensuit que le terrain sur lequel nous nous sommes placés est si foncièrement différent, qu'une entente entre nous devient à peine possible.

M. *Sigwart* se met dans la position d'un homme qui prononce un jugement sur les capacités d'un tisserand, ainsi que sur la nature du fil, du modèle et de l'ouvrage, sans s'être préalablement formé une idée juste d'un métier de tisserand, de la matière textile et de ses préparations, ni sans pouvoir distinguer les étiquettes, les enveloppes ou les parties de l'appareil destinées à fonctionner à l'aide du pied ou de la main.

Il est donc tout simple que le jugement

du tisserand de profession soit bien différent du sien : car cet observateur qui voit le métier fonctionner sous ses yeux, qui en connaît parfaitement chacune des parties, sait les difficultés qu'il faut vaincre pour les agencer, de manière à reproduire le dessin qui sert de modèle. Il reconnaîtra donc immédiatement si ce modèle est d'emprunt ou s'il a été inventé par l'artisan lui-même ; il appréciera la part qu'ont eue dans la confection du tissu la dextérité de l'ouvrier et l'action de l'appareil ; il distinguera les qualités des matériaux mis en œuvre et dira s'ils se composent de coton, de lin ou de chanvre, si le fil a été tissu avec une machine, à la roue ou simplement au fuseau ; de plus, dans le cas où l'ouvrage aura été fait à la main, il vous apprendra encore si la fileuse et le fileur ont travaillé en société et jasé entre eux, ou s'ils ont accompli leur besogne isolément chacun dans sa chambre. En effet, l'homme de profession vous dira tout cela, rien qu'en examinant l'uniformité ou les inégalités du fil, sa dureté ou sa mollesse, ses propriétés homogènes ou laineuses.

Les causes des contradictions entre ma manière de voir et celle de M. *Sigwart* sont palpables : un homme qui n'a jamais vu la mer en mouvement ne saurait puiser dans les descriptions les plus précises une idée juste d'une tempête ou des vagues qui se produisent dans de telles conditions. Lorsqu'il est en mer et qu'il voit une tempête, tout est nouveau pour lui et bien différent de ce qu'il s'était figuré. Il en est de même des phénomènes naturels en général.

Quiconque ne les connaît qu'à l'aide des livres ne les voit que par fractions, ne peut ni les embrasser dans leur ensemble, ni saisir les traits qui en donnent l'explication. J'ai manié moi-même la plupart des choses dont parle *Bacon*, et j'ai vu de mes propres yeux le plus grand nombre des phénomènes qu'il décrit et explique ; dès lors, il n'y a plus rien d'étonnant si mon jugement sur toutes ces choses diffère de celui de M. *Sigwart*.

Dans les reproches qu'il m'adresse je ne vois que des malentendus, dont aucun, j'en suis sûr, n'est intentionnel. Par exemple, j'ai cité (p. 11) quelques passages de *Bacon*, entre autres celui où il prétend que les pierres précieuses renferment des *esprits subtils*, et j'ai fait observer, à cette occasion, que cette opinion était empruntée aux écrits de *Paracelse*, ce qui démontre que, dans ces sortes de choses, le point de vue de *Bacon* ne différait en rien de celui de ses contemporains, et que par conséquent il y aurait injustice à lui faire à cet égard un reproche quelconque. Or, ne voilà-t-il pas que M. *Sigwart* m'en fait un à moi, précisément à propos de ce passage, en m'accusant d'avoir passé sous silence l'explication parfaitement juste et satisfaisante que *Bacon* a donnée du phénomène. Si M. *Sigwart* la trouve juste et satisfaisante, c'est son affaire; mais pour moi il ne suit nullement de cette explication que les pierres précieuses renferment des *esprits subtils*, et que ce fait soit démontré par l'éclat d'emprunt qu'elles possèdent.

Dans le passage qui suit le précédent, M. *Sigwart* me reproche d'avoir mis dans la bouche de *Bacon* ce que celui-ci n'avait pas dit, savoir : l'explication du prétendu fait relatif à la différence du poids d'un bloc de minerai dans le fond d'une mine et à la surface du sol, tandis que *Bacon* n'aurait donné qu'une explication très-raisonnable pour l'époque où il vivait. Mais de quelle manière pourrait être raisonnable l'explication d'un fait, lorsque ce fait est faux en lui-même? Ce que j'ai donné comme une explication venant de *Bacon* rend en effet les idées qu'il avait sur la pesanteur, la chute des corps et la rapidité accélérée de ces mêmes corps.

L'expression dont je me suis servi pour l'intelligence du lecteur correspond exactement à l'explication du fait dans le sens de *Bacon*. On enseignait alors, dans les écoles, que la pesanteur diminue en raison de la distance, et dans la direction du centre de la terre. Cette doctrine n'appartient donc point à *Bacon*. Ce qu'il y ajouta, ce fut sa propre opinion, que le mouvement vers un point central de la terre est une fiction (*a mree vanity*), et ensuite son *Motum exhorrentiæ motus*. (*Nov. Organ. I. Aph.* 48; *Sylva Sylv.*, 763, 764, 765.)

J'avais dit (p. 113) que *Bacon* ne comprenait point la signification de l'expérience, qu'il la considérait comme un instrument mécanique qui, une fois mis en mouvement, de lui-même produirait l'œuvre. M. *Sigwart* déclare qu'il ne trouve dans *Bacon* rien qui ressemble à une assertion semblable; ce qui n'empêche pas que, là où il parle de l'expérience, M. *Sigwart* ne s'exprime à ce sujet comme moi. Ainsi M. *Sigwart* dit : « Lorsque M. *Liebig* reproche à *Bacon* de n'avoir eu aucune idée de la loi du mouvement basée sur l'attraction réciproque des masses dans le sens de *Newton*, ce reproche se réduit à accuser *Bacon* d'avoir vécu avant *Newton*. » Et pourtant, quelques pages plus bas, M. *Sigwart* déclare « qu'il manque complétement à *Bacon* toute idée de *la force* »; c'est-à-dire que M. *Sigwart* adresse à *Bacon* exactement le même reproche que moi; puisque ne pas soupçonner l'existence d'une *force* dans le phénomène de la pesanteur, c'est ne pas avoir la moindre idée de l'attraction mutuelle des masses dans le sens de *Newton*.

En rapportant que dans l'examen de la

lumière (ou littéralement des couleurs) *Bacon* place les couleurs prismatiques (ou, comme il s'exprime, les prismes et les pierres précieuses cristallines) dans ses *Instantiæ solitariæ*, je fais observer (p. 54) qu'il faut renoncer à la question de savoir *pourquoi* il leur assigne cette place de « *solitariæ*. » M. *Sigwart* trouve mon observation mal fondée, parce que, dit-il, *Bacon* ajoute que « les prismes et les gouttes d'eau n'ont rien de commun avec les couleurs permanentes telles qu'elles existent dans les fleurs, les pierres coloriées, les bois et les métaux. » Or, ce passage n'a pas de sens, attendu que les gouttes d'eau et les prismes sont incolores et, par conséquent, ne sauraient être comparés aux couleurs. Cependant M. *Sigwart* est d'avis que l'intention de *Bacon* était de dire : « Il faut étudier les couleurs à l'aide du prisme, parce qu'elles se présentent ici indépendamment d'une surface coloriée, comme phénomène lumineux..» Je défie qui que ce soit de tirer un sens semblable du passage de *Bacon*, pas même avec l'assistance de l'observation que l'auteur y ajoute en disant que « la couleur n'est autre chose qu'une modification de la lumière incidente que reçoit un corps, » observation que *Bacon* aura empruntée à quelque manuel d'enseignement, puisqu'elle n'a aucune relation avec le mot *solitariæ*. Au reste, si M. *Sigwart* s'était donné la peine de lire quelques lignes de plus, il aurait trouvé que *Bacon* rapporte également à ses *Instantiæ solitariæ* (*quatenus ad discrepantiam*) les veines *noires* et *blanches* de plusieurs espèces de marbres, ainsi que les différences de teintes respectives que présentent les fleurs d'une même espèce, par exemple les stries rouges et blanches de l'œillet; ici il ne s'agit ni de prismes, ni de rien de semblable.

II

Les contradictions deviennent de plus en plus flagrantes, à mesure que M. *Sigwart* examine de plus près la méthode d'investigation de *Bacon*. C'est ainsi qu'il dit : « L'analyse à laquelle *Bacon* soumet l'idée de la chaleur est traduite par *Liebig* de manière à la représenter comme complétement vide de sens. On n'a pas droit de faire un crime à *Bacon* d'avoir placé l'huile de vitriol, l'eau-de-vie (*spiritus origani*), les plumes et la laine, à côté de la flamme et des rayons solaires, car il ne possédait point de thermomètre et n'avait par conséquent pour toute mesure thermique que celle de la sensation ; d'ailleurs je ne saurais voir dans tout cela rien d'incompréhensible et de ridicule, bien que dans les détails on puisse y trouver deux fautes. »

Je n'ai pas qualifié le procédé de *Bacon* d'insensé, de ridicule ou d'incompréhensible, mais simplement de *faux*; la plupart des appréciateurs de *Bacon* oublient que le lord chancelier prétend jouer le rôle d'*Aristote* de son époque, qu'il blâme et rejette les méthodes usitées d'investigation, et qu'il décrit sa nouvelle méthode comme étant la seule vraie, la seule qui doive conduire à de meilleurs résultats.

Ma tâche se borne à examiner d'abord la légitimité des titres que, dans le domaine des sciences d'observation, *Bacon* entendait faire valoir auprès de ses contemporains, et ensuite les opinions de plusieurs des nôtres, relativement à l'influence favorable qu'ont pu exercer les écrits de cet auteur sur la marche progressive des sciences d'observation.

Or je trouve que ses procédés scientifiques sont en contradiction flagrante avec les principes dont ces procédés sont destinés à démontrer la justesse, qu'en présence d'un phénomène naturel il apparaît impuissant et embarrassé comme un enfant, qu'il ignore ou ne comprend point les travaux les plus importants de ses contemporains, qu'il est l'adversaire de toutes les vérités découvertes par ceux-ci, et le défenseur de toutes les erreurs qu'ils avaient combattues; que sa méthode inductive est complétement inapplicable aux sciences d'observation, ce que je prouve en montrant qu'une investigation développée par lui-même, sur les bases les plus larges et conformément à sa méthode, reste éminemment stérile et nulle dans ses résultats; enfin, je soutiens que si les sciences d'observation étaient entrées dans la voie qu'il leur trace, elles occuperaient une position diamétralement opposée à celle où elles se trouvent aujourd'hui. Lors donc que M. *Sigwart* prend sous sa protection les manières de voir de *Bacon* et qu'il défend ses études de la chaleur, il abandonne le terrain solide sur lequel il s'était placé.

Bacon sait que le sens du toucher comme interprète du sentiment de la chaleur est d'une nature trompeuse, ce qui n'empêche pas que, dans certaines conditions, ce sens ne soit un thermoscope aussi bon et même meilleur qu'un instrument de précision. M. *Sigwart* confond le sentiment général de la chaleur qu'éprouve la langue avec la sensation de la chaleur, deux impressions de nos sens très-différentes. Si une substance est *brûlante* pour la langue, ce n'est pas un motif pour que la peau trouve cette substance *chaude*. L'*esprit-de-vin* qui *brûle* la bouche ne produit qu'un sentiment de *froid* lorsqu'il est versé sur la main. M. *Sigwart* est également dans l'erreur quand il prétend que *Bacon* n'avait point de thermomètre : le thermoscope de *Drebbel* que *Bacon* connaissait très-bien, puisqu'il en a donné la description, est un instrument excellent pour constater que le bois et le métal (le bois, selon *Bacon*, ayant un principe de chaleur et le métal un principe de froid) possèdent la même température; c'est également à l'aide de cet instrument qu'il eût été facile de se former une idée de la température en général et des conducteurs inégaux de la chaleur; à son aide aussi, il eût été aisé de se convaincre qu'en été les caves ordinaires, loin d'être moins chaudes qu'en hiver, le sont généralement davantage, et qu'en hiver elles ne sont pas plus chaudes qu'en été; enfin le même contrôle eût pu avoir été exercé à l'égard de l'eau des puits. L'action de la pression atmosphérique peut être complétement négligée dans des déterminations aussi simples, faites avec l'instrument de *Drebbel*.

D'après M. *Sigwart*, la définition de la chaleur, formulée par *Bacon*, serait celle-ci : « La chaleur est un mouvement, et notamment un mouvement expansif en vertu duquel les corps se dilatent et tendent à occuper un espace plus grand que celui qu'ils occupaient précédemment, tandis que le froid les condense. » C'est là encore une assertion tout à fait gratuite : *Bacon* (*Novum Organum*, II, 20) dit : « *Per universas et singulas instantias, naturæ cujus limitatio est calor, videtur esse motus.* » Le sens de ce passage est clair : selon *Bacon*, l'expansion n'appartient point à l'*idée générale* de la chaleur; tout doute à cet égard est dissipé par les exemples que cite *Bacon* de l'élimination des substances qui ne rentrent point dans la *forma calidi*. Il dit (n° 10, *loc. cit.*) : « Puisque le fer rouge n'augmente pas de volume par la chaleur (*quod non intumescit mole*), *rejice motum localem aut expansivum* »; puis (n° 11, *loc. cit.*) : « Comme l'air se dilate dans le thermoscope et dans d'autres instruments de ce genre, comme il se meut d'une manière manifeste (*manifesto*) dans l'espace par l'expansion sans devenir manifestement (*manifestum*) plus chaud, *rejice etiam motum localem aut expansivum.* » Or, en traduisant le sens des deux passages par cette expression, « à la mer l'expansion ! » (p. 56) j'aurais, selon M. *Sigwart*, omis la phrase essentielle : *secundum totum;* et j'aurais de cette manière fait dire à *Bacon* ce non-sens : « qu'en chauffant l'air, il se dilate sans devenir plus chaud. » Mais ici encore il ne s'agit point d'un non-sens, mais d'une observation erronée, et quant à la phrase additionnelle *secundum totum*, M. *Sigwart* l'a mal interprétée. Sans doute M. *Sigwart* ne me croira pas assez présomptueux pour admettre que j'aie la prétention de lui servir de guide dans la voie de la latinité, car, je le confesse avec douleur, en fait de latin, j'occupai constamment au collége les bancs opposés à ceux où siégeaient les lauréats; le seul avantage que je possède, peut-être, sur M. *Sigwart* à cet égard, c'est que le sujet dont il s'agit m'est plus familier. *Bacon* n'a rédigé en latin aucun de ses ouvrages : il les a fait traduire par des écrivains qui n'entendaient rien au sujet, et comme ce sujet n'était pas clair pour lui non plus, on peut se figurer ce qui en résulta. Évidemment, dans le texte anglais, il y avait *in the whole*, c'est-à-dire *pris dans son ensemble*, phrase qui aura été rendue par *secundum totum*. Ce que *Bacon* entend dire, c'est que dans l'espèce ou dans la majorité des cas, mais non dans tous, l'expansion rentre dans la *forma calidi*, tandis que le mouvement a lieu dans tous les cas. Le froid et la chaleur sont, selon *Bacon*, hostiles l'un à l'autre et n'ont rien de commun.

J'avais fait observer (p. 84) dans une note,

bien inutilement peut-être, que le nom de *Galilée* ne se rencontre que deux fois dans les œuvres de *Bacon*, et que *Bacon* n'a rien su et rien compris de tous les grands travaux de son époque. M. *Sigwart* cite de nouveaux passages relatifs à *Galilée*. Mais, au fond, tout ce que *Bacon* connaît de *Galilée* est résumé dans les deux passages indiqués par moi (*Sylv. Sylv.*, 794, et *Nov. Org.* II. *Aph.* 39). Dans le *Novum Organum*, *Bacon* mentionne : la lunette de *Galilée*, la voie lactée, des taches obscures et claires dans la lune, des étoiles dans la région des planètes, de petites étoiles autour de Jupiter; le terme de sélénographie s'y présente également. Dans les autres sept passages il ne fait que reproduire isolément ce qui se trouve consigné dans celui que j'ai cité. Si M. *Sigwart* avait lu deux lignes plus loin, il aurait eu bien de la peine à rester en contradiction avec moi; car ce que *Bacon* ajoute à la mention qu'il fait des découvertes de *Galilée* est suffisamment remarquable et fort caractéristique pour l'auteur de semblables discours. Or voici ce que *Bacon* a dit : « Ce sont des découvertes distinguées (*nobilia inventa*), autant qu'il est permis d'ajouter foi à des communications (*demonstrationibus*) de cette espèce qui nous sont très-suspectes (*maxime suspectæ*), parce qu'elles se réduisent à un trop petit nombre *d'expériences*, et que d'ailleurs cette voie n'a conduit à la découverte d'aucune autre chose de semblable importance [1]. »

On le voit, *Bacon* n'entendait rien à tout cela; il n'en savait pas plus que ce qu'un lecteur de journaux peut savoir aujourd'hui

---

[1]. M. de *Humboldt* paraît n'avoir pas eu connaissance des endroits des ouvrages de *Bacon* où celui-ci traite si légèrement, et presque avec un air de dédain, les découvertes de *Galilée*; car M. de *Humboldt* ne cite de *Bacon*, en ce qui concerne le célèbre physicien italien, qu'un passage, où, en attribuant (à tort) à ce dernier l'invention du télescope, *Bacon* compare cette décou-

d'une invention qu'on lui annonce comme ayant été faite quelque part; aussi *Bacon* prend-il les observations de *Galilée* pour des *expériences*, qu'il trouve suspectes parce qu'il ne parvient pas à les placer dans ses vingt-sept *Instantiæ*; d'ailleurs ces expériences ne lui semblent pas suffisamment nombreuses.

M. *Sigwart* est également d'avis que « les passages qui, d'après moi, représenteraient *Bacon* comme un vil flatteur du roi, ne contiennent guère ce que j'y ai lu et ne se prêtent pas aux conclusions que j'en ai tirées. » — Tout cela se trouverait réfuté, d'après M. *Sigwart*, « par ce simple fait que

---

verte à des vaisseaux destinés à conduire l'homme dans un océan inconnu. (*Kosmos*, v. III, note 45, à la page 168.) Sans doute, si *Bacon* ne s'était exprimé que de cette manière au sujet de son éminent contemporain, rien ne démontrerait qu'il l'eût méconnu; mais les passages rapportés par M. de *Liebig* fournissent surabondamment la preuve qu'il n'en a pas été ainsi.   P. T.

Bacon n'écrivit son *Historia vitæ et mortis* qu'à l'époque où il était déjà en disgrâce et vivait loin de la cour dans sa maison de campagne à Gorhambury, époque où il n'avait plus aucun rapport, ni avec le roi, ni avec son favori *Buckingham*. » A cette assertion M. *Sigwart* ajoute : « qu'il lui est extrêmement pénible d'être forcé de me convaincre de procédés de cette nature, et que lorsque des inculpations de *mauvaise foi*, de *mensonge* et *d'imposture* se trouvent basées sur de telles enquêtes, on provoque nécessairement la défiance. » Après quoi M. *Sigwart* essaye de donner une *explication de la vivacité de mes attaques*, façon dont il qualifie mes examens.

Je prouverai tout à l'heure que, cette fois encore, M. *Sigwart* est complétement dans son tort, lorsqu'il prétend qu'après sa condamnation *Bacon* n'a plus eu aucune connexion avec la cour; et pour ce qui est de la vivacité de mes attaques, il ne faut s'en prendre qu'aux philosophes allemands (et anglais). On est, en effet, comme saturé de dégoût quand on lit les misérables argumentations à l'aide desquelles ces messieurs essayent de faire de *Bacon* un investigateur de la nature, de l'élever au rang de restaurateur ou de créateur de notre science; il en est de même de l'effet produit par leurs efforts pour voiler les hideuses difformités de son caractère, difformités révélées d'une manière si irrécusable par ses propres aveux. Au reste, M. *Sigwart* ne peut guère me reprocher de n'être pas resté sur mon propre terrain; aussi lorsqu'il s'est vu dans la complète impossibilité de réfuter mes assertions relativement à la position de *Bacon* dans le domaine des sciences d'observation, il eût mieux fait d'examiner avec un peu plus de soin les choses accessoires et insignifiantes, avant d'en tirer des sujets de reproches contre moi.

Quant aux relations qui ont existé après la condamnation de *Bacon* entre celui-ci, le roi, le prince héréditaire et *Buckingham*, la plupart des lettres de lui qui nous restent de cette époque sont adressées à *Buckingham*. Elles poursuivent le favori partout, jusqu'en Espagne, et ont toutes le même but, celui d'obtenir de *Buckingham* de lui reconquérir la faveur royale et d'appuyer les suppliques adressées au souverain et au prince. Il fait valoir auprès de Sa Majesté, de la manière la plus piteuse, l'exiguité ou la nullité de sa recette annuelle, les débris de son ancienne fortune n'étant représentés que par des joyaux et de la vaisselle d'argent; il déclare que lui et ses pauvres créanciers sont aux abois, et qu'il a à peine de quoi nourrir sa famille. Ces pétitions ne s'attachent pas seulement à l'argent, mais encore à d'autres faveurs : il sollicite un emploi selon le bon plaisir du souverain; il demande une mission à Paris en insinuant que sa plume a une certaine valeur; il ambitionne une tâche quelconque qui lui permette de servir le roi, du moins par sa plume « *calamo,* » si non par son conseil « *consilio;* » il désire vivre pour étudier et non étudier pour vivre, et il se résigne d'avance au *date obolum Belisario;* il supplie pour qu'on annule l'arrêt de condamnation prononcé par la chambre des pairs, afin qu'il lui soit loisible de reprendre sa place dans cette chambre; car, selon lui, la justice a eu sa satisfaction et l'heure de la grâce a sonné. Enfin il cite l'exemple de sir *John Bernet* qui s'était rendu bien plus coupable, en sorte que dans leurs positions respectives il n'y avait que la différence qui existe, sinon entre le *noir* et le *blanc,* du moins entre le *noir* et le *gris,* et il ajoute que puisque sir *John Bernet* avait été complétement gracié, il pouvait également aspirer à l'être. Il fait observer que bien que *Démosthènes* ait été exilé pour cause de vénalité *exercée sur une échelle beaucoup plus large*, il a néanmoins été rappelé avec honneur ; que *Marcus Livius* avait été également condamné comme concussionnaire, ce qui ne l'empêcha point de devenir plus tard consul et censeur ; de même que l'exil auquel fut condamné *Sénèque* n'empêcha point ce dernier de rentrer ensuite dans toutes ses dignités, et de jouer le rôle d'instrument dans le remarquable *Quinquennium Neronis*.

Tous les côtés vils de son caractère et de sa manière de penser se produisent au grand jour après sa condamnation. Il est impossible de ne pas éprouver les sentiments les plus douloureux, lorsqu'en lisant ces lettres on voit un homme, autrefois si fier, se traîner dans la fange et baiser les mains du méprisable favori. La pension qui lui avait été allouée et qui, selon *Macaulay*, suffisait pour lui assurer une existence très-convenable eu égard à son époque, ne répondait plus aux habitudes de sa vie. Toutes les autres sources de ses anciens revenus se trouvaient taries, et comme un gentleman n'étudie pas pour vivre, à l'instar de la gent vulgaire, il ne lui resta d'autre moyen de remédier à sa fortune délabrée que de revendiquer la faveur du roi et du prince, ainsi que celle du favori. Depuis sa condamnation il ne pouvait guère espérer de rendre service au roi dans les procès politiques et autres affaires d'État, et dès lors, connaissant les faiblesses et le caractère de son maître, il tenta de nouvelles voies pour se concilier ses bonnes grâces ; c'est ainsi que s'explique de la manière la plus simple la naissance à Gorhambury de son *Historia vitæ et mortis*.

Je ne crois pas nécessaire de m'étendre davantage sur les autres considérations de M. *Sigwart*; car l'assertion que la science est utile aux hommes est une assertion passablement banale, sans qu'on ait droit d'en tirer la conclusion, comme le fait M. *Sigwart*, qu'il est parfaitement indifférent de proposer pour terme définitif à la science le *vrai* ou *l'utile*. L'utilité est le but de l'art; l'art s'attache à un objet matériel et cherche une *chose*. Le but de la *science*, c'est l'exploration de la vérité, l'investigation d'un *principe*. Jusqu'au milieu du dix-huitième siècle, la chimie passait pour un art; mais depuis elle a pris rang parmi les sciences, en se consacrant à la recherche des causes. Ce fut *Bergman* qui, le premier, la qualifia de science.

Aucun homme de science n'a eu et n'a en vue une considération d'*utilité*. Celui qui fabrique des miroirs en argent sort du domaine de la science proprement dite, bien que, dans certains cas, des miroirs en argent puissent être très-utiles à la réalisation de ce que se proposent les astronomes et les physiciens.

Pour expliquer l'origine de mon opuscule sur *Bacon*, je crois devoir faire observer que l'étude de l'histoire des sciences d'observation est une prédilection de mes moments de loisir (voyez par exemple la troisième et la quatrième de mes *Lettres sur la chimie*). L'écrit de *Burkle*, ainsi que quelques-unes de mes propres observations, me conduisirent à l'étude de l'esprit du peuple anglais et par conséquent à celle des travaux de *Bacon*. J'avais toujours professé une grande estime pour *Bacon*, et ne me tenais en sa présence que debout, le chapeau à la main. Ce sentiment s'évanouit aussitôt que j'eus approfondi le plus célèbre de ses ouvrages, le *Novum Organum*, et que j'eus constaté que sa pratique scientifique n'était qu'une imposture saupoudrée de belles phrases; dès lors j'eus honte de l'avoir naguère fréquemment encensé et cité comme un grand homme, à l'exemple de bien d'autres et de meilleurs que moi, qui s'étaient laissés aller à la même déception.

III

Voici maintenant l'arrêt définitif que prononce M. *Sigwart* relativement à la position de *Bacon* et à son influence sur son époque et sur la nôtre : « Les idées et les principes de réforme constituent le mérite essentiel de *Bacon*. Lorsque l'on considère et que l'on sait tout ce qui a dû avoir été écarté, avant que la scolastique ait été, non pas vaincue, mais seulement suffisamment refoulée pour que l'on conquît une place auprès d'elle, on conçoit alors l'énergie avec laquelle *Bacon* combattit la science professionnelle, ainsi que la partialité et la violence de ses jugements. Ce n'était nullement la lutte du fameux chevalier avec les moulins à vent, comme le prétend M. de *Liebig*; qu'on réfléchisse à la considération dont jouissait alors la scolastique, à l'état de l'enseignement scolaire, au fatras de formules arides et dénuées de sens, à la manie des discussions, à la vanité, à l'esprit de suffisance, à la complète stérilité de la science, et l'on comprendra la vivacité avec laquelle *Bacon* entrait en lice contre l'ancien ordre des choses. — Ses coups d'estoc et de taille s'adressaient moins aux systèmes qu'à l'état de l'enseignement de son époque, qu'à la manière dont on y traitait la science. »

« L'impulsion, l'encouragement et les promesses données par *Bacon*, sa critique acérée du passé, son appel plein d'espérance à une carrière nouvelle, infinie, brillante, voilà les moyens par lesquels il a agi puissamment sur ses contemporains, ainsi que sur les époques subséquentes. »

Cette distinction entre ce que *Bacon* a *voulu* et ce qu'il a *fait* paraît à M. *Sigwart* un moyen convenable pour accueillir et concilier les jugements fortement contradictoires prononcés sur *Bacon*, selon leur compétence respective, d'une part au nom des sciences d'observation par le naturaliste, et de l'autre au nom de la philosophie par *Kuno Fischer*. Il croit cependant que, prises en gros et dans leur ensemble, les idées du philosophe (*Fischer*) se rapprochent davantage de la vérité.

Envisagées du point de vue des sciences d'observation, les assertions de M. *Sigwart* font preuve d'une naïveté à peine concevable. En effet, c'est lui-même qui dit que « la philosophie de *Bacon* ne repose nullement sur l'expérience, mais exclusivement sur l'autorité d'*Aristote* ; » — que « *Bacon* se fait étrangement illusion à lui-même, lorsqu'il croit se trouver sur le terrain de l'expérience et en commençant par en bas la construction de son édifice; » — que « nulle part il ne s'arrête au simple phénomène, et ne cherche à le déduire des causes les plus directes; » — que « partout il apporte avec lui des idées toutes faites qui ne sont rien moins que puisées dans l'expérience, mais, pour employer ses propres expressions, ne sont que des *Anticipationes naturæ*; » — que « en un mot, il pèche, presque à chaque page, contre ses propres exigences, et, à chaque page, commet les fautes qu'il a si sévèrement critiquées. »

Et c'est cet homme à qui, d'après le portrait que M. *Sigwart* lui-même en trace, manquent les premières conditions de toute activité, la force inhérente et spontanément productive; chez qui tout n'est que clinquant et apparence : c'est un tel homme qui, par sa lutte avec la scolastique et par ses doctrines, aurait exercé une influence sur ses contemporains et même sur notre époque? En vérité, *Bacon* ne m'apparaît que sous la forme d'un perroquet bigarré, qui adresse aux moineaux et autres volatiles enfermés avec lui dans une cage de longues dissertations pour leur démontrer la niaiserie qu'ils ont de se contenter de graines avariées et d'eau corrompue, et pour leur enseigner l'art de voler; tandis que lui-même, le pauvret, porte une chaîne à sa patte et ne possède pas une seule penne à ses ailes, lui, qui n'a jamais vu ni les champs ni les forêts qui produisent une nourriture plus salubre, ni les lieux d'où sourdent des eaux plus limpides et plus fraîches, lui, qui est réduit à becqueter les graines qui tombent du vase de ses tristes compagnons de captivité!

Bacon exerçant de l'influence sur les scolastiques! — Mais combien eussent paru étranges à ces braves gens les prétentions de *Bacon!* — A ces hommes dont la vie s'écoulait dans une lutte perpétuelle avec les textes et les commentaires des anciens philosophes et mathématiciens ; à ces philologues qui s'étaient chargés d'enseigner, à tour de rôle, l'histoire naturelle, la physique et les mathématiques, et qui, comme à Séville et à Oxford, rendaient grâces à Dieu, à chaque clôture de leur cours, de s'être acquittés de leurs engagements et d'avoir conduit à bon port les définitions, les *postulatum* et les axiomes d'Euclide, y compris ses premières huit thèses ! — A eux si fiers de leur savoir et de leur mission qu'ils considéraient comme la plus sublime de l'esprit humain, on leur aurait demandé de descendre de leur chaire pour étudier la nature, pour chercher et donner la solution de la question de savoir comment se forment les vents, les nuages, la pluie, la rosée ou l'arc-en-ciel ; on les aurait envoyés chez les bouchers, pêcheurs, écorcheurs, jardiniers, herboristes, chez les fondeurs et les mineurs, chez les astrologues, ou même dans le laboratoire d'un alchimiste, pour s'enquérir comment est fait l'intérieur d'un animal sain ou malade, comment une plante se développe de sa semence, comment se distinguent les végétaux vénéneux des végétaux officinaux; pour étudier l'aspect des entrailles de la terre, comment on extrait les métaux de leurs minerais et de leurs roches, ce qui se passe dans le ciel, et comment les éléments terrestres agissent les uns sur les autres; enfin on aurait exigé d'eux de rompre leur commerce avec les intelligences des temps passés et de renoncer aux heures qu'ils savouraient avec tant de délices, lorsque, enveloppés dans une bonne robe de chambre et assis au coin de leur cheminée flamboyante, ils s'entretenaient avec *Platon*, *Aristote* et tous les grands hommes des siècles écoulés ! Rien au monde n'eût semblé plus extravagant aux yeux des scolastiques que cette exigence de quitter leurs bouquins pour lier commerce avec la nature qui ne leur inspirait aucune sympathie, et ne leur offrait aucune compensation ; rien au monde n'eût été plus absurde que d'attendre une réforme dans les sciences d'observation, de la part d'hommes complétement incapables de les cultiver. Et cependant voilà l'intention qu'on a prêtée gratuitement à *Bacon* au nom de l'histoire !

Aussi, je l'avoue, j'éprouve une espèce de frisson, lorsqu'en me plaçant au point de vue des sciences d'observation, je réfléchis à la manière dont on a prétendu écrire leur histoire, et quand je vois qu'aux yeux de bien des personnes, des jugements tels que ceux formulés par MM. *Sigwart* et *K. Fischer* sur *Bacon* en sa prétendue qualité d'investigateur de la nature, sur son époque et sur l'influence qu'il a pu exercer à notre égard, passent pour autant d'études historiques. Je m'étais figuré jusqu'ici que les études historiques de ce genre constituaient une espèce d'étude de la nature, ou, dans tous les cas, auraient une certaine affinité avec cette dernière; tandis que l'histoire fabriquée de cette étrange façon me prouve combien le bagage de certains historiens est léger, et combien il devient aisé à ces messieurs de cueillir des lauriers sans avoir besoin d'aller les chercher sur l'Olympe.

J'ai passé bien des mois à extraire des œuvres de *Bacon* un choix de faits de telle nature que, placés sous les yeux du lecteur, celui-ci n'ait pas besoin d'un seul mot de commentaire de ma part pour apprécier à sa juste valeur la direction intellectuelle de *Bacon*, et l'état des connaissances de celui-ci en fait de sciences d'observation; j'indique les influences extérieures que, dans sa position, ont pu exercer sur lui la cour ainsi que les savants de son époque, et la manière dont a réagi contre ces influences; dans ce genre d'analyse, j'ai suivi la méthode que j'aurais observée si j'avais eu à examiner une substance matérielle quelconque, le soufre, par exemple, dont j'aurais étudié les propriétés physiques et chimiques, extérieures et intérieures, telles qu'elles se manifestent soit dans les relations du soufre avec d'autres corps, comme fer, argent, etc., soit sous l'action de la chaleur : le tout, je le répète, à l'aide de l'exposition et de l'enchaînement de faits le moins susceptibles d'équivoque.

S'il est vrai que, par *son impulsion, son encouragement et ses promesses*, par sa critique acérée du passé, par son appel plein d'espérance à une carrière nouvelle, brillante, *Bacon a puissamment agi sur son époque, ainsi que sur les époques subséquentes*, il faudrait avant tout, ce nous semble, qu'il y eût des signes auxquels on pût reconnaître cette action.

Eh bien, ce qui doit frapper tout le monde dans la manière de procéder de M. *Sigwart*, c'est précisément qu'il se dispense de citer à l'appui de ses assertions les moindres preuves fondées sur un fait quelconque. Dès lors, comment M. *Sigwart* prétend-il exiger de moi, ou de tout autre, la croyance à une *action puissante*, quand il n'indique ni la *force* qui a pu engendrer cette action, ni l'*effet* qu'elle a pu produire?

Je ne suis pas plus ami ou ennemi de *Bacon* que je ne suis ami ou ennemi du soufre, mais M. *Sigwart* est l'ami de *Bacon* et se charge de sa défense comme le ferait un habile avocat placé devant un jury qu'il sait incapable de comprendre ou de pénétrer complétement la nature des preuves testimoniales. Aussi M. *Sigwart* se contente-t-il de jeter tout simplement au panier les faits que je produis dans le but de démontrer la mauvaise foi, l'ignorance et l'incapacité de *Bacon*; ou bien il essaye de les atténuer et il cherche à impressionner ses auditeurs en faisant valoir les quelques manifestations incidentes de son client en faveur de la vérité et de la vertu, ainsi que les bonnes intentions qu'il a nourries dans l'intérêt de l'humanité. M. *Sigwart* est l'ami et le défenseur d'un homme qui, à cause de sa haute intelligence, avait parmi ses contemporains bien des admirateurs, mais pas un ami, pas un défenseur, d'un homme qu'il sait avoir été de mauvaise foi dans la vie publique comme dans la science, d'un égoïste accompli et d'un hypocrite qui avait perdu l'estime de ses contemporains à un tel point, qu'après sa chute et sa condamnation, l'on cherche vainement à découvrir parmi eux le moindre signe de pitié; aussi sa condamnation avait-elle paru tellement juste à l'opinion publique, que lorsque le roi lui eut remis la peine de prison et l'amende pécuniaire, le garde des sceaux refusa de faire paraître l'ordonnance royale à une époque trop rapprochée de la réunion ou de la dissolution du parlement, parce que la publication d'une telle ordonnance eût été fort préjudiciable tant au service du roi qu'à l'honneur de lord *Buckhingham* (V. *Lettre de Lincoln au Viscount Saint-Alban*, du 18 octobre 1621). Il n'est point d'avocat qui se charge de défendre un tel homme sans être en situation de produire les preuves les plus accablantes en faveur de son innocence et les arguments les plus persuasifs pour atténuer ou excuser son délit.

Mais que penser des efforts que fait M. *Sigwart* pour ravaler l'époque à laquelle appartient son client, afin de rehausser celui-ci? Que lui répondre, lorsque, renversant tout ce que nous savions relativement à l'état où se trouvait la science à cette époque, il nous dit : « Des noms peu nombreux, tels que ceux de *Galilée*, de *Gilbert*, de *Harvey*, de *Stevin*, etc., peuvent-ils représenter l'état général de l'instruction scientifique de cette époque ? — C'est précisément l'ensemble de la culture intellectuelle que *Bacon* avait en vue lorsqu'il disait que la science était arrachée à ses racines et se trouvait réduite à un mélange de doctrines répétées sur la foi d'autrui, ainsi qu'à des manières de voir puériles. » Mais, demanderons-nous à notre tour : est-ce que l'ensemble de la culture intellectuelle est la mesure ou la racine de l'état des sciences ? Et quelle idée se ferait de la science de notre époque celui qui voudrait en juger par la culture intellectuelle de la foule ? Pour savoir ce qu'il en est de nos classes éclairées d'aujourd'hui et si, après tout, elles aussi, elles n'offrent point *un mélange de doctrines répétées sur la foi d'autrui et des manières de voir puériles*, ne suffit-il pas de nous rappeler ce que nous avons vu ou ce que nous voyons tous les jours, — les tables mouvantes, les esprits frappeurs, la pythonisse de *Prévorst*, les médiums magnétiques, l'homéopathie, les splendides ouvrages matérialistes qui nous régalent de révélations si parfaitement vides sur Dieu et la nature, sur l'âme et l'esprit, sur la force et la substance ; la science de l'*ode* de Reichenbach, les princes et les hauts seigneurs faisant des pèlerinages pour consulter des savetiers et des femmes ivres ? Comment M. *Sigwart* peut-il s'aviser de placer les *Galilée*, les *Harvey*, les *Gilbert* et les *Stevin* en regard de l'état général de la culture scientifique de leur époque ? Dans quel rapport avec l'état général de la culture scientifique se trouvent donc *Gauss, Jean Muller, Ampère, Gay-Lussac, La Place, Faraday, Davy*, ou un grand homme quelconque de notre siècle ? Est-ce que par hasard on pourrait conclure que leur influence sur l'esprit du temps et sur son développement a été nulle ou minime, uniquement parce que, même parmi les personnes éclairées de la nation allemande, il en est peu qui connaissent de ces hommes plus que leurs noms? Enfin, comment est-il venu à l'esprit de M. *Sigwart* de parler de *noms peu nombreux*, lorsque parmi ces noms figurent ceux de *Galilée* et de *Kepler*, qui suffiraient à eux seuls pour illuminer leur siècle d'un impérissable éclat, et qui sont un sujet de légitime orgueil pour les pays où ils reçurent le jour? — Le mouvement intellectuel provoqué par la réforme, mouvement que précédèrent les grandes découvertes astronomiques et géographiques, exerça l'action la plus puissante dans toutes les directions et notamment dans toutes les sphères des sciences d'observation. J'ai déjà cité (p. 80-82) les noms de *Kepler*, de *Galilée*, de *Stevin*, de *Harriot* et de *Gilbert*, fondateurs ou régénérateurs de ce qui constitue nos sciences modernes de l'*astronomie*, de la *physique*, de la *mécanique*, de l'*hydrostatique*, de l'*optique*, de l'*électricité* et du *magnétisme* ; mais n'oublions pas non plus les noms de *Vasalius, Konrad Gessner, Fabricius ab Acquapendente, Andrea Cæsalpini, Harvey, Hieronymus Tragus, Pierre Belon, Fracastori*, de ces pères de l'*anatomie*, de la *physiologie*, de la *botanique* et de la *zoologie*. Ils appartiennent tous, et bien d'autres avec eux, au seizième siècle, à ce siècle dont on peut dire sans exagération qu'il n'a encore été suivi d'aucun autre plus riche en hommes d'une intelligence créatrice.

IV

Quiconque embrasse dans toute son extension le prodigieux développement des sciences au seizième siècle est tenté de ne voir dans la personne de *Bacon* qu'une caricature de ce mouvement, ou tout au plus un amateur, un illuminé qui, à l'instar d'un individu de ce genre dont *Hoskins* a retracé le portrait, suit le sentier de la science comme une ombre, en parodiant l'image imperturbable et solennelle de la vérité par des contorsions burlesques ; qui exagère tout, à la manière des colporteurs des nouvelles, et qui, portant en vrai singe la livrée de la science, ne comprend pas plus la langue scientifique que l'aiguiseur ne comprend l'usage de l'instrument qu'il s'efforce de repasser en tournant sa manivelle au rebours.

Je me suis sérieusement appliqué à découvrir dans l'histoire du développement des sciences physiques et naturelles quelques faits capables de révéler l'influence exercée par *Bacon* sur les savants de son époque, sur la connaissance des phénomènes naturels, sur l'état de la culture générale ou sur la manière de traiter la science : eh bien, tous mes efforts sont restés complétement sans résultats. Cependant, pour ce qui est des sciences physiques et naturelles, j'ai la parfaite certitude que, parmi ceux qui s'y sont distingués ou qui les ont fait progresser, il n'en est aucun qui ait dit avoir reçu de *Bacon* quoi que ce soit qui lui ait été utile ou d'une assistance quelconque.

Les gens pour qui *Bacon* composait ses livres se trouvaient en dehors de la science; en sorte que leurs idées et leurs opinions n'avaient aucune action sur le mouvement progressif de la science, tandis que ceux dont elle recevait toute son impulsion ne se souciaient guère de lire les écrits de *Bacon*.

Quelque fort que crie un homme qui combat les erreurs dominantes, il n'obtiendra jamais une influence appréciable sur la marche des idées de son temps, s'il ne parvient à fournir des preuves irrécusables d'une nouvelle et meilleure manière d'envisager les choses et les phénomènes, d'une manière vraiment capable d'élargir l'ancienne sphère des idées et d'ouvrir de nouvelles voies aux connaissances intellectuelles.

Le progrès est un mouvement spiral, ou bien le mouvement d'un cercle dont le rayon va toujours en s'allongeant; aussi faut-il qu'une nouvelle idée féconde vienne s'ajouter à la somme des idées anciennes, si l'on veut que le domaine de notre savoir s'agrandisse.

Que des travaux scientifiques les plus influents des grands hommes on retranche les idées empruntées à autrui, il restera toujours à ces derniers quelque chose qui manquait aux autres, quelque chose qui le plus souvent se réduit à une fraction d'une nouvelle pensée; et cela suffit déjà pour faire le grand homme; bien entendu que nous ne tenons ici aucun compte de la difficulté de la tâche accomplie.

Combien différents sont des efforts et de l'influence de *Bacon* les efforts réformateurs de *Paracelse* ainsi que l'influence de cet homme remarquable sur son époque! Nous pardonnons à *Paracelse*, en faveur du bien qu'il fit et qu'il nous légua, sa vanité démesurée, ses fanfaronnades, sa soif de gloire, son langage vulgaire et trivial; car nous savons que s'il mit en pièce l'édifice vieilli et vermoulu de *Galien* et d'*Avicenne*, c'est qu'aussi il posa les fondements d'un nouvel édifice; c'est qu'avec lui commença une nouvelle phase dans la manière d'envisager la nature, phase qui se manifesta tout d'abord dans la médecine et dans la chimie. Ses erreurs mêmes exercèrent indirectement une influence favorable sur les sciences d'observation durant un siècle et demi après lui. Ses doctrines lui valurent une phalange d'élèves et de prosélytes enthousiastes, ce qui généralement n'appartient qu'à celui qui a assez de pouvoir et de fortune pour rendre les autres puissants ou riches. Malgré ses mœurs désordonnées et ses allures bachiques, *Paracelse* était un homme d'un caractère fortement trempé et solidement circonscrit dans les limites de sa vigoureuse individualité, ainsi que le dit déjà très-bien la devise en deux langues placée au-dessous de son portrait :

Alterius ne sit, qui suus esse potest.

Eines andern Knecht soll niemand seyn
Der fur sich selbst kann bleiben allein [1].

Bacon est l'antithèse frappante de *Paracelse*, notamment sous le dernier rapport,

1. Ne doit pas être esclave d'autrui quiconque peut relever de soi-même.   P. T.

c'est-à-dire sous celui de l'individualité fortement accentuée; c'est un gentleman raffiné et spirituel, qui avait beaucoup lu, mais qui, dans le fond, avait peu appris; sa lutte avec les Scolastiques n'est qu'un simple tournoi de paroles, comparée aux rudes coups de massues de *Paracelse*. Et lorsque ce dernier vous renvoie à la nature, à l'observation et à l'expérience, c'est qu'il s'efforce de révéler à l'esprit de ses contemporains des trésors cachés jusqu'alors. *Bacon* n'a emprunté son savoir qu'aux livres, *Paracelse* a puisé le sien dans la nature elle-même; chez l'un la science n'était qu'un habit, chez l'autre elle était chair et os. « On étudie les livres, dit *Paracelse*, à l'aide de l'alphabet, et la nature à l'aide de voyages; j'ai fait la chasse à l'art au péril de ma vie, et je n'ai pas rougi d'apprendre beaucoup de choses auprès des vagabonds, des écorcheurs et des barbiers. »

J'ai déjà souvent entendu dire à d'autres hommes déstingués (non naturalistes) que par son action stimulante, encourageante et promettante, aussi bien que par son apologie de l'*expérience* et par ses plaidoyers en faveur de l'*expérimentation*, *Bacon* avait exercé une action notable sur son époque, et qu'à cause de cela mon jugement à son égard n'était guère admissible, tout en avouant que je pouvais avoir raison quant aux détails, mais non quant à l'ensemble.

En vérité, il faut n'avoir pas habité le monde réel, mais seulement un monde artificiel de papier et de carton, pour accorder la moindre vraisemblance, la moindre autorité à de telles assertions. Le chimiste est, par sa science même, placé en communication constante et directe avec la vie et le mouvement des hommes, et il a par conséquent bien plus d'occasion que le philosophe, l'historien et le philologue, d'apprécier l'influence de l'enseignement scientifique. Eh bien, le chimiste sait, par sa propre expérience, qu'après quarante ans d'enseignement rien n'est aussi minime que l'action exercée sur la foule par un *seul* homme, par un *seul* savant réduit exclusivement à ses propres forces, lors même qu'il met à son service toutes ses facultés aidées de la parole et de la plume, et qu'il traite des matières intimement liées au salut de l'État et à la fortune, au bien-être des citoyens; il sait qu'avant de vaincre la force d'inertie, avant de provoquer un mouvement perceptible, il *lui faut l'action combinée d'un bon nombre de personnes* animées des mêmes sentiments que lui, et disposées comme lui à peser sur les masses, sans épargner fatigues et peines.

Les hommes de la vie réelle se décomposent en deux classes, dont l'une renferme ceux qui doivent travailler, et l'autre ceux qui n'ont pas besoin de travailler. A cette dernière catégorie appartiennent les gens du monde qui jettent un coup d'œil sur nos livres, ouverts seulement pour leur instruction, leur édification, en manière de causerie intellectuelle ; c'est tout au plus si nos doctrines produisent sur eux l'effet d'une belle musique : car pour amalgamer ces doctrines avec leur cerveau il faudrait que celui-ci possédât une certaine dose de substance sympathique capable d'opérer cet amalgame ; or, ce genre d'élaboration serait par trop pénible pour la plupart de ces hommes d'absolu loisir. Les individus appartenant à la première catégorie, c'est-à-dire les travailleurs obligés, sont le plus souvent obsédés par les tribulations de la vie et consacrent toutes leurs forces à la lutte nécessaire pour assurer leur existence. Seulement un petit nombre parmi eux sont maîtres dans leur métier, ce qui leur permet de s'acquitter lestement et gaîment de la besogne journalière et de conserver encore quelques moments de loisir pour les consacrer à d'autres choses ; mais en dehors de ces êtres exceptionnels, le reste s'en tient à la doctrine très-commode qui leur a été inculquée dès l'enfance, savoir : que le bien suprême, c'est d'être satisfait de ce qu'on possède matériellement ou intellectuellement, et de s'accommoder de sa position, à peu près comme *Procuste* accommodait la taille des individus à la longueur du lit sur lequel il les couchait. Quiconque est satisfait tient avant tout au repos ; il nous hait parce que nous troublons sa quiétude, et il nous rit au nez lorsque nous nous avisons de lui dire que c'est le lit qu'il faut façonner à la longueur du corps et non le corps aux dimensions du lit, et lorsqu'en conséquence nous lui indiquons ce qu'il doit faire pour améliorer sa position et développer ses forces. Si par un heureux hasard l'homme que nous endoctrinons ainsi est bon mari et bon père, son respect pour la position stationnaire se trouve souvent ébranlé, soit qu'il redoute la gêne et les soucis qui le menacent lui et les siens, soit qu'il ne soit pas insensible à l'avantage de voir ses enfants mieux vêtus, mieux logés et mieux élevés, soit enfin qu'il lui répugne de subir l'opération de *Procuste* lorsque des circonstances fâcheuses ont par trop raccourci son lit. Il en résulte que ces dispositions viennent en aide à nos efforts persistants et que notre homme se prend à devenir *peu satisfait de lui-même*, ce qui est précisément le commencement de tout bien. On voit d'après cela que, dans les choses intellectuelles et matérielles, le doute tel que l'entendait *Descartes* ne produit aucun effet sur les hommes, à moins qu'il ne soit accompagné de moyens d'accommoder la position de ceux-ci à leurs besoins, c'est-à-dire d'agir dans le sens inverse de l'opération de *Procuste*.

L'excitation, l'encouragement et les promesses ne servent qu'à l'amusement de l'homme du monde; ces moyens n'agissent point sur les autres hommes. Croire que de belles phrases modifient le travail et les tendances de l'humanité, c'est vouloir apaiser la faim par des tableaux figurant du pain ou de la viande; on admire peut-être le tableau s'il est bien fait, mais on n'y mord point.

Combien M. *Sigwart* méconnaît les vraies conditions du progrès matériel et intellectuel lorsqu'il prétend : « que la véritable force de *Bacon* tient à ce qu'il a voulu, — qu'elle tient à ses erreurs comme naturaliste et comme philosophe; — que sa valeur pratique consiste dans ce qu'il a promis, dans l'essor audacieux de sa fantaisie, dans les mirages brillants de ses espérances, dans la gracieuse légèreté d'heureuses inspirations; non dans ce qu'il a fait, non dans la marche systématiquement progressive des connaissances, non dans la solidité des résultats obtenus, non dans le travail patient, sérieux de l'investigateur ! »

Dans ces mots de M. *Sigwart*, le monde est figuré en images renversées telles qu'on les voit dans les illustrations faites à l'usage des enfants. Nous tous, nous avons vécu, en Allemagne, à une époque où des hommes avaient obtenu honneurs, considération et importance rien que par l'exhibition de leurs aspirations, par leur fantaisie, par des mirages brillants, par d'heureux aperçus sans fondements solides. Mais dans tout cela où est la gloire? Et quelle a été l'influence de ces hommes sur nous? Leurs doctrines n'ont eu d'autre effet que celui de leurrer notre jeunesse par l'appât de fruits prestigieux dont l'usage empoisonna sa séve vitale et détruisit ses forces. Ces hommes nous apprirent comment avec A et B, ou avec les pôles A et les pôles B, on pouvait démontrer que tous les corps se trouvent contenus virtuellement ou potentiellement dans le fer, — que l'eau n'est que du fer dépotentié, — que l'azote est la forme réelle de l'être de l'identité absolue, — que le pôle le plus potentiel de la terre est l'élément de la différence indépendante, — que l'hydrogène est l'élément de l'indifférence appartenant à l'antithèse, — que le carbone est l'abstraction de l'élément individuel, — enfin que dans les observations et les expérimentations de *Newton* il y avait de la *maladresse*, *des bévues*, voire même de la *niaiserie* et de la *mauvaise foi*. Cette époque du plus grand éclat de la philosophie naturelle allemande ne nous apparaît plus aujourd'hui que comme l'époque de la plus ténébreuse scolastique : *c'est qu'aussi la philosophie na-*

turelle n'était pas autre chose que la vieille scolastique masquée.

Nous connaissons maintenant à merveille l'effet produit par les doctrines de *Schelling*, de *Hegel*, de *Steffens*, et par tant d'autres doctrines, sur nos études actuelles de la nature ; et c'est précisément ce qui nous met à même d'apprécier avec une indubitable certitude l'influence de *Bacon* sur son époque. Voilà pourquoi nous soutenons que cette influence a été complétement nulle et que, si sa pratique et ses doctrines telles qu'il les interprétait avaient été admises, les sciences physiques et naturelles auraient rétrogradé au lieu de progresser, de même qu'elles ont fait un pas en arrière et non en avant, alors qu'en Allemagne elles furent confiées à la direction des philosophes.

Le côté obscur ou mystérieux d'un phénomène est précisément ce qui en rend l'étude le plus attrayante ; or l'expérience nous a appris que des théories anticipées ou des aperçus ingénieux nuisent, dans ces cas, en proportion même de leur vraisemblance. C'est qu'on n'aime guère à chercher une clef lorsqu'on prévoit qu'un travail souvent long et pénible n'aura pour tout résultat que de prouver qu'un autre portait déjà cette clef dans sa poche.

Personne ne niera que, de même que *Bacon*, nos philosophes de la nature ont eu des idées souvent bonnes, quelquefois brillantes ; mais il n'y a que les profanes ou les *dilettanti* qui soient disposés à croire que ces idées ont surgi dans leur cerveau par voie *d'intuition*. Quelque puissante qu'elle soit, l'intelligence humaine est incapable de deviner l'essence d'une force, d'une loi naturelles, ou de dire par exemple *a priori* que le goût du sucre est doux. Nous autres, qui nous trouvons placés plus près de ces choses-là, nous savons que chaque fois que les idées de ces hommes étaient bonnes, c'est qu'elles n'étaient pas autre chose que des miroirs artistement coloriés, dans lesquels se reflétaient les tendances et les résultats des sciences de notre époque ; en dehors de ces emprunts ingénieux, ces hommes étaient décidément dévolus à l'hôpital des aliénés. Aussi, en dehors de l'Allemagne, les pays où les sciences d'observation se sont le plus développées, notamment la France et l'Angleterre, sont précisément ceux où les noms de tels hommes étaient ignorés ; et quant à l'Allemagne, la science n'y a progressé qu'à l'aide de leurs adversaires, de leurs ennemis déclarés.

Le philosophe ne sait nullement combien, chez les physiciens et les naturalistes, les bonnes idées théoriques sont à bon marché ; il ne se doute guère de nos vrais besoins ; il ignore que ce qu'on nous demande si impérieusement, ce qui nous est si difficile et ce qui met à contribution toutes nos forces, c'est l'art de revêtir ces idées d'une forme active de manière à leur donner la vie et à en faire pour ainsi dire de la chair et du sang.

A quoi a tenu le progrès d'une des branches les plus importantes de la physique, de la pathologie, de l'art de l'oculiste et de la chimie organique? A l'invention d'une petite colonne composée de quelques plaques métalliques superposées les unes aux autres et alternant avec des chiffons de linge humide; à l'invention d'un instrument ayant tout l'air d'une petite trompette d'enfant, ainsi que d'un petit miroir et d'un tube en verre muni de quelques globes renflés. De même, une masse de découvertes et de conquêtes intellectuelles se rattachent uniquement au microscope, à quelques réactions chimiques, à un prisme dirigé sur une flamme, etc.; et c'est ainsi qu'on peut dire que dans l'étude de la nature quatre-vingt-dix-neuf pour cent sont représentés par l'art et qu'il y entre seulement *un pour cent* de philosophie. Sans doute cette fraction, si minime qu'elle soit, est indispensable pour que l'art conduise à quelque chose de pratique; mais il n'en est pas moins vrai que c'est l'art qui précède la connaissance proprement dite et qui fraye la voie à cette dernière.

La plupart des philosophes ne se font pas la moindre idée de tout cela, non plus que des difficultés incommensurables que la nature elle-même oppose aux opérations intellectuelles de celui qui l'étudie. Les philosophes qui le savent le moins montent gravement sur leur tour, et plongent leurs regards sur nous autres—les *hard working men*—comme sur des enfants qui jouent avec des cailloux bigarrés; la station de ces messieurs est trop élevée pour qu'ils puissent apercevoir la sueur qui ruisselle de nos fronts courbés sur la dure besogne; et pourtant, ce que, eux, ils qualifient de *dure besogne*, nous le faisons dans nos moments de récréation [1].

L'erreur fondamentale commise par M. *Sigwart*, dans l'appréciation de la valeur scientifique de *Bacon*, tient particulièrement à l'opinion populaire relative à l'influence

---

[1]. Cette image du philosophe jetant du haut de sa tour élevée un regard sur la tourbe des travailleurs, dont les fronts ruisselants de sueur et les poitrines haletantes ne peuvent être aperçus par le superbe observateur placé au sommet de sa vigie, est non-seulement une image frappante de vérité, mais aussi éminemment poétique; elle rappelle involontairement le célèbre tableau que trace *Schakespeare* dans *King Lear* (acte IV, sc. VI), des rochers de Dovre, du haut desquels les pêcheurs n'apparaissent que comme des souris, et les vaisseaux que comme des corps rabougris (ce sont les naturalistes travailleurs de *Liebig*), tandis que les murmures des flots se brisant sur la plage ne peuvent plus s'élever jusqu'à celui (c'est le philosophe de *Liebig*) qui se trouve sur le sommet du rocher :

> The fishermen, that walk upon the beach,
> Appear like mice; and yon' tall anchoring bark,
> Diminish'd to her cock; her cock, a buoy
> Almost too small for sight : the murmuring surge,
> That on the unnumber'd idle pebbles chafes,
> Cannot be heard so high.   P. T.

qu'exercent sur l'étude de la nature les philosophes (je dis à dessein les philosophes et non la philosophie) aussi bien que leur manière d'envisager cette étude. C'est là une chimère creuse qui est encore aujourd'hui nourrie par les *dilettanti*, mais qui ne va plus à notre époque. Il est vrai que, de tout temps, bien des philosophes se sont efforcés de faire accroire aux gens du monde qu'ils sont parfaitement compétents dans l'appréciation des questions, méthodes et explications scientifiques, et qu'ils sont en état de guider les savants eux-mêmes; mais pour les personnes tant soit peu versées dans l'histoire du développement des sciences d'observation, il n'est pas un instant douteux que jamais la philosophie n'exerça la moindre action *favorable* sur leur marche ascendante, tandis qu'au contraire c'est la philosophie qui a été puissamment influencée et épurée par les progrès faits dans la connaissance de la nature. De nos jours un philosophe ne peut plus espérer avoir d'action sur l'esprit des hommes et sur les questions les plus élevées qui l'occupent, sans s'être familiarisé avec l'histoire des sciences d'observation ; car, faute de posséder ces connaissances, il ne comprendrait pas l'esprit humain, ou ne le comprendrait qu'à moitié.

Personne ne sait mieux apprécier que moi la gymnastique éminemment utile que présente l'étude de la logique et de la philosophie, et personne plus que moi ne déplore l'indifférence, souvent le dédain, qui perce dans nos universités à l'égard de ces études. Sans doute, ainsi que je l'ai déjà fait observer, la philosophie n'entre qu'à titre d'*un pour cent* dans l'investigation de la nature, dans la médecine et dans les branches dites techniques auxquelles les sciences d'observation servent d'auxiliaires ; toutefois, à défaut de cet un pour cent, *les fruits de toutes ces sciences n'arrivent point à maturité.*

C'est l'abandon de l'étude de la philosophie qui est cause que plusieurs ne voient que dans l'art et dans les manipulations le but exclusif de leurs travaux, et qu'on ne parvient pas à y découvrir la part de philosophie qui en constituerait le véritable mérite; ou bien encore c'est ce qui fait que cette part y est tellement minime que l'on renonce volontiers à la peine de la chercher dans les travaux de ces individus afin de ne point s'exposer à l'ennui de passer en revue leurs procédés aventureux, leurs conclusions absurdes et leurs expérimentations fastidieuses.

Je sais fort bien que ce que je dis là est comme si je jetais ma parole au vent; néanmoins il se pourrait que tel ne fût pas le cas pour tous; d'ailleurs, en faisant ces observations, je tiens surtout à faire voir à M. *Sigwart* que je suis ami de la philosophie, que j'estime grandement ses études vraiment profondes, consciencieuses et lumineuses sur *Bacon*, en tant que son examen porte sur le philosophe, et qu'enfin je suis reconnaissant à l'auteur de l'instruction que j'y ai trouvée. Sous ce point de vue, le jugement de M. *Sigwart* s'accorde avec les recherches sérieuses et solides faites par M. A. *Lassan*, dans son écrit intitulé : *Considérations sur les principes scientifiques de Bacon*[1], lequel écrit est probablement une thèse de doctorat qui a été livrée au commerce et qui mériterait d'être plus répandue.

V

Sous le titre de : *Encore un mot sur Francis Bacon de Verulam, par Justus de Liebig*, M. *Sigwart* de Tubingen a fait paraître

---

1. *Ueber Bacons von Verulam wissenschaftliche principien*, von A. *Lassan*, Berlin, 1860, imprimerie de S. Lange, Friedrichstrasse, 103.

(*Annales prussiennes de Haym*, c. XIII, p. 79) une nouvelle réponse à mes articles publiés dans la *Gazette d'Augsbourg* des 2, 3, 6 et 7 novembre 1863[1]. Elle me fournit une occasion, dont je ne suis nullement fâché, de m'expliquer d'une manière plus précise encore que je ne l'avais fait sur la position de *Bacon* à l'égard des sciences d'observation; en sorte que cette position ne pourra manquer de devenir de plus en plus manifeste pour tout lecteur impartial.

En matière de sciences d'observation, le point de vue du savant diffère considérablement de celui du philosophe. L'un est habitué à ne s'en tenir qu'aux faits, l'autre attache plus d'importance aux opinions; et quand, dans ses argumentations, le philo-

---

[1]. Ce sont les paragraphes I, II, III et IV de cette traduction, lesquels, comme on l'a déjà dit, représentent autant d'articles publiés successivement dans la *Gazette d'Augsbourg*; il en est de même des paragraphes suivants: V, VI et VII.   P. T.

sophe place au premier rang sa propre opinion, de manière à voiler par là les faits, une entente avec lui est à peine possible.

Pour le physicien et le naturaliste, c'est une chose inconcevable que l'opinion exprimée par M. *Sigwart* en ces termes : « Personne ne pourra expliquer uniquement à l'aide de l'histoire des sciences d'observation pourquoi elles furent presque stationnaires pendant le moyen âge, et pourquoi elles prirent à l'époque de la Réformation un essor si puissant; pourquoi enfin, depuis le dix-septième siècle, tous les travaux s'y rapportant furent conduits d'une manière plus systématique et plus conforme à un plan régulier? »

Des idées de ce genre sont pour moi très-remarquables, parce que j'ignorais jusqu'à quel point, dans les littératures philosophique et historique où je ne me sens guère sur mon terrain, on pouvait se permettre des assertions arbitraires en présence de faits parfaitement positifs et indubitables. Or, au point de vue des sciences d'observation, tout ce que M. *Sigwart* trouve si inexplicable s'explique fort bien et d'une manière à ne laisser rien à désirer. En effet, antérieurement à l'invention de l'imprimerie, il n'y avait point de littérature vivante; en sorte que les sciences modernes ne naquirent que grâce à cette invention, et par suite de la facilité qu'elle donna à l'échange des idées et des œuvres de l'intelligence humaine. Tout cela se passa conformément aux mêmes lois qui président au développement de la civilisation, de l'industrie et des arts, lorsque les transactions commerciales et sociales entre les hommes et les peuples se trouvent facilitées et élargies.

On peut suivre pas à pas le développement des sciences d'observation; il est parfaitement certain qu'il se trouve intimement lié avec les grandes découvertes de *Colomb* et avec les doctrines de *Kopernic*. « Parmi toutes les découvertes et toutes les vérités, a dit *Gœthe*, rien n'a dû impressionner plus fortement l'esprit humain que la doctrine de *Kopernic*. Aussitôt que notre monde fut reconnu être un globe, un corps rigoureusement renfermé dans ses propres limites, il dut renoncer au prodigieux privilége d'être le point central de l'univers. Jamais peut-être concession plus grave ne fut exigée de l'homme, car que de choses furent réduites en poussière et en fumée par l'admission de cette vérité qui détruisait un second paradis et renversait de fond en comble les témoignages de nos sens, ainsi que la croyance à un dogme poétiquement religieux ! »

L'esprit des peuples ne se développe pas comme celui d'un enfant qui apprend à connaître d'abord les lettres de l'alphabet, puis les mots et les phrases, et enfin leur sens : dans ses progrès, l'esprit des peuples a pour point de départ les grandes découvertes, la connaissance de vérités nouvelles et larges ; c'est par là, et sans intermédiaire apparent, qu'il voit se révéler à son activité des sphères jusqu'alors inconnues ; c'est là ce qui agit sur lui comme une force remuante, et l'oblige de renoncer à son cercle accoutumé d'idées. Du moment que le mouvement du soleil autour de la terre était reconnu comme une illusion des sens, on devait être porté à se demander s'il n'en était pas de même à l'égard d'une innombrable quantité d'autres idées qu'on s'était faites des phénomènes de la nature. Le doute fut réveillé par cette puissante impulsion, et ainsi fut déposé le germe d'une étude plus approfondie des phénomènes et des opérations dans toutes les sphères des sciences physiques et naturelles.

« La haute culture scientifique qui caractérise la première moitié du seizième siècle, telle qu'elle se traduit par son esprit scrutateur, consciencieux, conséquent, sérieux, a son principe dans la seconde moitié du quinzième siècle : ce qu'engendra et nourrit celui-ci, acquit dans le siècle suivant tout son splendide développement; il est douteux que le monde revoie jamais un semblable phénomène. » C'est ainsi que s'exprime *Gœthe* dans son histoire de la théorie des couleurs.

Dans les entretiens de *Luther* avec ses commensaux perce déjà un certain goût pour l'étude de la nature. On examinait la plante et l'animal, la terre avec les minerais et roches qu'elle renferme, l'effet des médicaments, la nature des maladies. Quand on pense que les hommes qui, au seizième siècle, fondèrent nos modernes sciences physiques et naturelles, eurent à lutter avec des erreurs invétérées et avec des préventions contre leurs personnes, sans avoir eu des prédécesseurs ou une voie tant soit peu frayée; que, de plus, ils étaient forcés de créer et d'inventer eux-mêmes tous les moyens nécessaires à leurs investigations, on ne saurait refuser la plus profonde admiration à tout ce qu'ils ont accompli. Pour triompher de difficultés aussi grandes, il ne fallait pas moins que les efforts et la persévérance que la passion seule est capable d'enfanter.

Du temps de *Gilbert*, on considérait les phénomènes magnétiques et électriques comme symboles des effets les plus mystérieux et les plus inconcevables. Cet auteur s'exprime ainsi : « Chaque fois que les sens errent à tâtons au milieu de recherches abstruses, ou que l'esprit ne peut plus faire un pas en avant, les philosophes invoquent l'ambre ou l'aimant pour les tirer d'embarras. » C'est à peu près de la même manière qu'au commencement du dix-neuvième siècle agirent les philosophes de la nature à l'égard des phénomènes découverts par *Galvani* et *Volta*. On comprend alors la valeur de l'œuvre de *Gilbert*, quand, placé dans des conditions semblables, il sait développer les éléments fondamentaux de l'électricité et du magnétisme d'une manière tellement complète, que, depuis ses travaux jusqu'à nos jours, on n'y a pour ainsi dire rien ajouté.

Les ouvrages anatomiques du seizième siècle démontrent de la manière la plus évidente le goût des observateurs de cette époque pour l'examen approfondi des spécialités et l'intérêt qu'on accordait à leurs études. Sous ce rapport, quoi de plus remarquable que la description faite par *Fabricius* (professeur à Padoue, en 1562) du développement de l'oiseau dans l'œuf, depuis son premier germe jusqu'à la rupture de la coque ? Il explique pour la première fois tous les faits à l'aide de figures. Mais à combien de vastes recherches n'a-t-il pas fallu se livrer avant que son élève *Harvey* (qui étudia à Pavie) fût conduit de là au principe : que tout être vivant est engendré dans un œuf (*omne animal ex ovo*). Les dessins anatomiques exécutés par *Leonardo da Vinci*, sous la direction de son ami *Marc-Antonio de la Torre* (professeur d'anatomie à Padoue, mort en 1512), sont admirés encore aujourd'hui, de même que les tables anatomiques de *Bartolommeo Eustachi* et les travaux de *Fallopia* (professeur à Ferrare, Pise et Padoue, mort en 1562) sur les organes de l'ouïe, sur la théorie des vaisseaux, sur l'ostéologie du fœtus, sur l'oviducte, etc.

Parmi les instruments auxiliaires de l'investigation, celui dont l'usage était le plus familier au seizième siècle, c'était la science mathématique; on n'en avait jamais perdu la pratique, et aucun obstacle extérieur n'était venu en entraver l'application : voilà pourquoi il n'y a pas lieu de s'étonner que, grâce à son assistance, on ait produit alors de si grandes choses dans la mécanique, dans l'astronomie et dans la physique. Partout où cela se pouvait, on faisait participer les arts plastiques à ce mouvement de progrès; en sorte qu'il ne parut, dans ce siècle, presque aucun ouvrage où l'écriture ne fût accompagnée de figures et de dessins.

Quant aux méthodes, *Galilée* avait démontré pratiquement la nécessité et l'importance de l'investigation des phénomènes isolés, puisque ce sont ces mêmes phénomènes qui l'avaient conduit à la découverte des lois du pendule et de la chute des corps.

Pour ce qui est des principes à suivre dans l'étude des phénomènes naturels, ils ressortent clairement des travaux mêmes des savants de cette époque. Déjà, au commencement et dans la moitié du seizième siècle, *Leonardo da Vinci* et *Paracelse* avaient placé l'observation et l'expérience en tête des conditions les plus indispensables du progrès. Dans le premier quart du dix-septième siècle, *Harvey* s'exprime ainsi sur ce sujet : « Dans toute science, quelle qu'elle puisse être, il faut observer soigneusement et interroger les sens. Nous ne devons pas nous fier aux observations d'autrui, mais seulement à celles qui nous sont propres ; celui qui n'en possède point n'a guère le droit de se qualifier de véritable disciple de la nature [1]. »

[1]. Ce qui prouve combien peu de mérite *Bacon* a eu à prêcher en faveur de la méthode expérimentale et à combattre le respect aveugle du passé, c'est que les plaidoyers et les luttes de ce genre remontent au treizième siècle, et par conséquent à une époque bien antérieure à celle de *Leonardo da Vinci* (1452—1519) et de *Paracelse* (1493—1541). En effet, lorsque *Albert le Grand* (1205—1289) embrassa tout le domaine des sciences connues de son temps, ce fut moins pour en dresser un inventaire

C'est précisément au moment où les principes, les voies et les méthodes de l'exploration de la nature se trouvèrent complétement établis et répandus dans tous les pays, précisément au moment où le monde scientifique était mis en émoi par des découvertes nouvelles et tout à fait inattendues, que surgit à Londres un avocat nommé *François Bacon*, qui jeta à la face de son siècle cette orgueilleuse et mensongère déclaration : « Que jus-

que pour les développer par l'*étude des faits* et par la *méthode expérimentale*. Aussi s'y livra-t-il avec tant de succès, qu'il parvint à élargir considérablement plusieurs branches d'histoire naturelle, et notamment la zoologie (*Pouchet, Hist. des Sc. nat. au moyen âge*, p. 204—320). Mais cette force d'initiative et cette révolte contre le respect aveugle du passé se manifestèrent avec bien plus de force et avec un succès bien plus considérable chez son disciple *Roger Bacon* (1214—1292), qui ne cessa d'insister, presque à chaque page de ses écrits, sur la nécessité d'observer de ses propres yeux les phénomènes de la nature, et de ne pas se reposer sur l'autorité d'autrui. Son ardeur à secouer le joug de l'autorité l'entraîna même avec une telle violence, qu'il alla jusqu'à s'écrier que, si c'était en son pouvoir, il brûlerait les ouvrages des anciens qu'à lui il n'y avait pas eu d'investigation vraie, sincère de la nature; que la voie de l'expérience avait été abandonnée pour se livrer à des rêves stériles; que les ouvrages de son temps ne représentaient que des vieilleries; qu'ils ne donnaient aucune indication de choses nouvelles, et qu'ils étaient d'ailleurs complétement incapables de donner naissance à ces choses, ayant tout l'aspect de cette sibylle à tête de vierge et à corps se terminant en une figure de chien

pour forcer ses contemporains à observer par eux-mêmes (Pouchet, *loc. cit.*, p. 365). Plus de trois siècles après lui, *François Bacon* s'éleva avec la même indignation contre les anciens; mais ce ne fut que pour leur substituer un fatras d'inepties et de plagiats, tandis que *Roger Bacon* entendait détruire les anciens, non-seulement parce qu'ils entravaient le développement d'une méthode réellement nouvelle, celle de l'expérimentation, mais aussi parce qu'il avait ajouté lui-même aux travaux surannés de ses prédécesseurs des œuvres originales qui, après plus de six siècles, font encore aujourd'hui l'admiration des savants, comme autant de lueurs d'un véritable génie.

P. T.

qui aboie; que par contre, lui, *Bacon*, il avait découvert un nouveau procédé intellectuel, une nouvelle méthode d'investigation, un nouvel instrument destiné aux découvertes, et qu'à l'aide de ces ressources, une vie nouvelle allait être donnée à la science qui, jusqu'à lui, n'avait été qu'une chose morte, immuable comme une statue [1]. »

Aux personnes tant soit peu au courant de l'état où se trouvaient les sciences d'observation du temps de *Bacon*, de semblables assertions doivent paraître non-seulement surprenantes au plus haut degré, mais même

---

[1]. Les prétentions de *Bacon*, telles qu'elles se trouvent formulées ici, paraissent inconcevables et tellement suspectes d'exagération, qu'il est bon de rappeler au lecteur les endroits mêmes du livre de M. de *Liebig* où sont rapportées les propres paroles de *Bacon*, dont ce passage n'est qu'un résumé fidèle et consciencieux. On trouvera ces citations pages 14, 15, 17, 29, 32, 33 et 40 de cette traduction, ainsi que dans les *Pièces justificatives*. P. T.

inexplicables, attendu qu'elles sont en contradiction flagrante avec les faits parfaitement avérés ; en sorte qu'on est naturellement amené à se demander quels étaient les titres sur lesquels *Bacon* appuyait ces étranges prétentions, et quel but il se proposait en les formulant ; car, évidemment, il a dû avoir en vue un but quelconque.

Les contemporains de *Bacon* le représentent comme un homme de haute intelligence, mais de caractère bas. D'après le portrait qu'ils en tracent, il était dominé par la soif des honneurs, du pouvoir, de l'argent et de la considération, aspirations à la réalisation desquelles il avait voué toutes ses facultés, toutes ses forces. L'un de ses biographes, qui d'ailleurs le place très-haut, rapporte qu'en sa qualité de jurisconsulte de la couronne, il était l'instrument docile des actes arbitraires et tyranniques, le cruel persécuteur des hétérodoxes ; son biographe nous apprend que la *peine de mort* était employée par *Bacon* comme l'une des mesures les plus efficaces contre la secte des *Brownistes*, dont tout le crime consistait à prétendre que l'Église doit être indépendante de l'État, et à adorer Dieu d'après leur propre mode, et non d'après le mode prescrit par l'État. *Bacon* n'est cependant guère représenté comme un fanatique en matière de religion; ses idées, relativement à Dieu et à la religion, étaient même des plus tolérantes; il n'était ni passionné en ces matières, ni amateur de tortures gratuites; et de ce qu'il nous apprend qu'il assistait quelquefois à l'exécution de criminels d'État auxquels on arrachait le cœur de leur vivant, il n'en faut pas conclure qu'il fut cruel et sanguinaire. Évidemment, dans sa conduite à l'égard des *Brownistes*, il a dû être guidé par des raisons de servilité, mais non de sentiment personnel.

Lorsque son ami *Essex* comparut devant le tribunal, accusé de crime de haute trahison, *Bacon*, en raison de ces mêmes principes de servilité, argumenta contre lui, en sa qualité de procureur de la couronne, et n'épargna aucun frais d'éloquence pour faire placer la tête de son ami sur l'échafaud. Certes, ce ne fut pas la conscience rigoureuse des devoirs de son ministère qui put le faire agir ainsi, puisque, plus tard, la violation la plus effrontée de ces mêmes devoirs, qui lui étaient imposés plus qu'à tout autre en sa qualité de juge suprême de l'État, le rendit passible lui-même d'un châtiment infamant. Il faut ajouter qu'il avait prêté sa plume à la défense des procédés judiciaires dont *Essex* avait été victime, ce que ne lui commandaient nullement ses devoirs officiels. Enfin, non content de cela, il exagéra la culpabilité de l'accusé, en supprimant, ce qui fut constaté plus tard, divers faits de nature à l'atténuer. Si *Bacon* avait prévu l'influence qu'exerça sur l'esprit de la reine *Elisabeth* la mort de son favori, il aurait peut-être suivi, dans sa conduite à l'égard d'*Essex*, une voie diamétralement opposée à celle où il s'était engagé, et dès lors, au lieu de s'attirer de tous côtés haine et mépris, il aurait probablement touché de beaucoup plus près le but auquel il tendait.

Les biographes de *Bacon* rapportent encore plusieurs autres de ses actes, qui démontrent qu'en général il ne reculait devant aucun sacrifice, pas même celui de son honneur, quand il s'agissait de gagner la faveur de la cour ou des dépositaires du pouvoir; néanmoins, sous la reine *Elisabeth*, aucun de ses efforts n'eut le succès désiré; ses plus proches parents, qui tenaient le gouvernail de l'État, et qui probablement le connaissaient mieux que les autres, évitèrent de le placer dans leur proximité, malgré ses talents.

La reine *Elisabeth* mourut en 1603, et le trône d'Angleterre fut occupé par un prince complétement dépourvu de qualités extérieures, de ces traits saillants qui captivent l'amour et la vénération du peuple; par contre, *Jacques I*er était un homme qui avait beaucoup lu, plutôt érudit que roi. C'est sur cette position du souverain vis-à-vis de ses sujets que le jurisconsulte officiel, plus riche d'aspirations ambitieuses que d'argent, bâtit ses plans d'avancement; le savoir, puisé dans les livres, n'était pas, aux yeux du peuple, un grand titre d'estime; cependant, parmi toutes les qualités du roi, la plus saillante et la plus caractéristique, c'était précisément l'érudition. Il est vrai que *Bacon* ne s'était particulièrement livré à l'étude d'aucune science, ce qui ne l'empêcha point, grâce à l'énergie et à l'adresse qui lui étaient propres, d'acquérir dans un laps de temps comparativement très-court tout ce dont il avait besoin pour ses projets. A l'âge de quarante-six ans, il publia un *Éloge de l'érudition* dans un ouvrage qui avait pour objet l'accroissement, le progrès et la dignité de la science. Quant au motif qui présida à la rédaction de ce travail, *Bacon* ne nous laisse guère dans le doute à cet égard, puisque l'ouvrage est adressé au roi, « dont les qualités innées et les particularités individuelles, dit l'auteur, méritent d'être constatées, non-seulement par la renommée, par l'admiration de ses contemporains, ou par l'histoire et la tradition des temps à venir, mais encore par un ouvrage solide, par un monument spécial et impérissable portant le cachet de la puissance souveraine, le reflet des qualités personnelles et de la perfection d'un tel prince. » — A l'aide de ce livre, *Bacon* avait voulu rappeler à ses concitoyens que si Jacques Iᵉʳ avait quelques imperfections qui pouvaient leur paraître ridicules, telles que sa taille, sa gaucherie, ses habits bourrés, son dialecte écossais assez vulgaire pour les oreilles anglaises, la peur puérile que lui inspiraient les armes blanches, sa débilité, sa vanité, sa pédanterie, etc., que toutes ces imperfections cachaient de vrais prodiges du ciel, associés aux connaissances les plus parfaites dans les sciences divines et humaines, et qu'en un mot les Anglais possédaient, dans la personne d'un tel prince, « un roi comme il n'en avait point paru depuis Jésus-Christ : roi par sa puissance, pontife par son savoir et ses lumières, philosophe par son érudition et son universalité. » — On ignore l'impression que ce portrait produisit sur le peuple, mais l'effet en fut considérable sur l'érudit et royal bibliophile.

L'ouvrage parut en 1605, et, deux années

après, *Bacon* obtint le poste important de procureur général, poste qu'il avait infructueusement sollicité sous la reine *Elisabeth*. Cette fois *Bacon* ne s'était point trompé sur le caractère de son souverain : le coup avait porté juste, et il ne s'agissait plus que de bien affermir l'échelle qui devait lui servir à monter aux honneurs, au pouvoir et aux plus hautes dignités. A cet effet, il s'essaya dans diverses branches d'études; mais sa provision de lectures et de connaissances en droit, en philosophie et en histoire, fut bientôt épuisée; peut-être même n'était-elle pas aussi grosse que celle de plusieurs de ses contemporains: il ne lui resta donc, pour dernière ressource, que de se placer sur un autre terrain hors de la portée des personnes qui l'entouraient. En conséquence, il se présenta comme réformateur des sciences d'observation, qui alors étaient encore peu populaires en Angleterre. Il est vrai qu'il n'avait jamais étudié ces sciences; car la botanique, la zoologie, l'anatomie, la physique, l'astronomie, la chimie et les mathématiques étaient pour lui choses également inconnues; il n'avait ni la moindre aptitude pour l'observation, ni la moindre idée des conditions à l'aide desquelles on saisit avec justesse un phénomène naturel; il ne se trouvait en relation personnelle ni avec les savants du continent, ni avec ceux de son propre pays; mais tout cela n'était nullement nécessaire à ses projets.

Pour jouer le rôle de réformateur des sciences d'observation à la cour de Jacques Ier durant le premier quart du dix-septième siècle, période la plus brillante et la plus mémorable dans l'histoire de ces sciences, il a fallu nécessairement que *Bacon* ignorât ou feignît d'ignorer l'état réel où elles se trouvaient. D'un côté, en effet, il est difficile d'admettre qu'il n'ait point connu les grandes découvertes de *Harvey*, qui étaient l'objet d'une si vive polémique parmi les médecins d'alors ; de même, il ne paraît guère possible qu'il ait ignoré les féconds travaux de *Lobel*, l'un des botanistes les plus éminents de son époque, le premier qui ait distingué les deux grands groupes du règne végétal, savoir : celui des monocotylédonés et celui des dicotylédonés ; car *Harvey* et *Lobel* vivaient l'un et l'autre dans le voisinage immédiat de la sphère de *Bacon*, puisque *Harvey* était médecin du roi et *Lobel* botaniste attaché à la cour. D'un autre côté, il n'est pas plus facile d'admettre que *Bacon* ait tant soit peu compris l'état où les sciences d'observation se trouvaient à son époque ; autrement comment eût-il pu avancer qu'il était le premier à entrer dans cette voie, et que, depuis *Aristote* jusqu'à lui, le domaine des sciences d'observation n'avait été qu'une table rase.

Au reste, il ne faut pas oublier que *Bacon* était ministre de justice lorsqu'il rédigea son *Novum Organum*; or j'ai déjà montré (p. 22) combien il est aisé de reconnaître que ce livre émane de la plume d'un juriste qui, en thèse générale, n'admettait pas la possibilité de donner une véritable explication d'un fait, telle que nous l'entendons dans les sciences physiques. C'est là une manière de voir assez répandue chez les personnes étrangères au caractère essentiel de l'investigation des phénomènes naturels. A ce propos je me souviens que, lorsque j'eus terminé l'un de mes cours populaires du soir à Munich, les juristes qui y avaient assisté se préoccupèrent exclusivement des expérimentations exécutées pendant la séance, afin de démontrer aux auditeurs mes assertions par des faits positifs; or, ces messieurs avaient l'intime conviction que mes assertions étaient purement gratuites, de même que les expériences ne devaient être que des tours de passe-passe destinés à créer l'illusion; c'est pourquoi ils se livrèrent à de minutieuses enquêtes, afin de découvrir les ressorts secrets de ces habiles jongleries.

VI

Après avoir nettement précisé l'état où se trouvaient les sciences d'observation du temps de *Bacon* j'en reviens à la réplique de M. *Sigwart*, dont il est très-facile d'écarter les rectifications et objections. M. *Sigwart* commence par faire observer que son premier jugement porté sur mon article relativement à *Bacon*, a visiblement rectifié ma manière de voir. Selon lui, son jugement « a eu cela de bon, que du moins M. *Liebig* n'ignore plus les erreurs qui lui sont échappées lors de la rédaction de son écrit : ainsi M. *Liebig* doit savoir maintenant que *Bacon* n'était pas grand-chancelier quand il composa son ouvrage *de Dignitate et augmentis;* qu'il n'a pu écrire son *Histoire de Henri VII* dans l'intention d'accroître son influence sur le roi ; enfin M. *Liebig* sait maintenant comment le roi paya de gros intérêts pour la gloire que *Bacon* lui procura. »

Je sais tout cela, en effet, mais je ne le sais pas dans le sens de M. *Sigwart*. Dans mes articles, je n'ai jamais parlé de l'*Histoire de Henri VII*, que je n'avais point lue ; ensuite, bien que M. *Sigwart* ait raison de dire que l'ouvrage *de Dignitate et augmentis* a paru en 1632, lorsque *Bacon* n'était plus grand-chancelier, je ferai néanmoins observer que ce n'était que la traduction en latin de son livre anglais : *The two books of the proficiency and advancement of learning divine and human*, qui, ainsi que je l'ai dit, en mentionnant à cette occasion la dédicace au roi Jacques Ier qu'il renfermait, fut publié par *Bacon, en* 1605 ; aussi n'est-il guère possible de douter que si *Bacon* n'avait pas écrit ce livre ou que s'il ne l'avait pas accommodé pour le but particulier qu'il se proposait, il aurait eu de la peine à devenir procureur général, ministre de justice, grand-chancelier, etc. D'ailleurs en envoyant à Jacques Ier la traduction latine de son ouvrage, il dit expressément que « c'était tout à la fois le *premier* et le *dernier* de ses ouvrages offerts au roi. »

Quant à mon assertion que *Bacon* n'avait écrit aucun de ses ouvrages en latin, M. *Sigwart* en est presque indigné et la trouve insoutenable : « Lors même, dit-il, que M. *Liebig* n'aurait point le sentiment de la manière ferme et originale avec laquelle le latin est manié dans ces ouvrages, il faut supposer qu'avant de vouloir réfuter son adversaire par de telles allégations, il aura découvert dans quelle langue les écrits qu'il étudie ont été originairement rédigés. » Évidemment M. *Sigwart*, à qui un sens intime a révélé que le latin des ouvrages de *Bacon* ne peut provenir que de *Bacon* lui-même, n'a point lu la lettre adressée par ce dernier au professeur *Playfer* de Cambridge (mort en 1608), dans laquelle il prie cet habile latiniste de vouloir bien traduire son livre : *The advancement of learning*, en lui disant à cette occasion « qu'il considérerait son œuvre comme venant au monde pour la seconde fois, s'il la voyait paraître dans une traduction latine sans préjudice pour le sens et le sujet ; que parmi tous ceux qu'il connaissait, *Playfer* était précisément l'homme entre les mains duquel il désirait le plus voir tomber son ouvrage ; car, après tout ce qu'il avait entendu et lu de lui, il est, à son avis, passé maître dans l'art de choisir les expressions les plus appropriées aux choses. » — Si, à l'âge de quarante-six ans, lorsqu'il n'était encore qu'un jurisconsulte peu chargé d'affaires, *Bacon* ne se reconnaissait point l'aptitude de traduire en latin son premier ouvrage scientifique, il n'est guère probable qu'il possédait cette aptitude dans sa soixantième année, alors qu'il était ministre. Ainsi, tant que M. *Sigwart* n'aura pas démontré qu'un *ouvrage quelconque* de *Bacon* a été originairement rédigé en latin, il faut bien qu'il me permette de soutenir mon assertion, à savoir que *tous* ses ouvrages latins avaient exigé l'intervention d'un traducteur [1].

---

1. *Hume*, dans son *History of England*, dit, à la vérité, que « la plupart des ouvrages de *Bacon* furent composés en latin, quoiqu'il n'écrivît élégamment ni cette langue, ni sa langue maternelle. » Sans doute, l'éminent historien n'avait point connaissance des documents historiques cités par M. de *Liebig*, et qui prouvent que *Bacon* avait eu recours à une plume étrangère pour revêtir ses ouvrages

Le deuxième point, dit M. *Sigwart*, qui met en plein jour la manière dont procède M. *Liebig*, est la question relative aux idées de *Bacon* sur la chaleur. — « Quant à cette question, dit-il, M. *Liebig* a l'air de vouloir donner à croire que ni *Bacon* ni moi, nous n'avons point la moindre teinture des règles les plus élémentaires de la logique ; en sorte que si, par hasard, *Bacon* définissait un che-

---

d'une forme latine, forme pour laquelle, comme on vient de le voir, *Hume* est loin de professer l'admiration qu'elle inspire à M. *Sigwart*. Au reste, les endroits de la *History of England* relatifs à *Bacon* sont remarquables dans ce sens qu'ils démontrent que *Hume* ne partageait guère l'aveugle engouement de ses compatriotes pour le noble lord, puisqu'il le déclare « inférieur à *Galilée*, et *peut-être à Kepler*. » Cet aveu, tout puéril qu'il nous paraisse maintenant après l'écrit de M. de *Liebig*, semble indiquer cependant que si *Hume* avait eu la compétence requise pour apprécier *Bacon* sous le point de vue des sciences d'observation, il aurait eu peut-être le mérite de saisir toute l'insignifiance de son célèbre compatriote comparé à l'illustre physicien italien et à l'éminent astronome allemand.

P. T.

val gris en disant que c'est un cheval blanc, il entendrait par là que tous les chevaux gris sont des chevaux, mais que tous ne sont pas blancs. Quiconque connaît les éléments de la logique trouvera cette définition (de *Bacon*) très-claire et formellement juste. »

Dans mon article du 2 novembre, j'avais cru avoir fait entendre assez intelligiblement à M. *Sigwart* combien il est imprudent de quitter son propre terrain pour s'ériger en guide sur un terrain étranger. Il ne me reste plus guère qu'à lui dire qu'il n'a pas du tout compris les définitions de *Bacon* relativement à la chaleur. A l'aide des notions qu'il aura puisées dans quelque manuel ou quelque cours de physique, M. *Sigwart* cherche à introduire un sens logique dans les définitions que donne *Bacon* de la nature et de l'essence de la chaleur; et, comme il y est parvenu, il se figure que le sens est juste. La méprise qu'il commet tient évidemment à ce qu'il n'est pas en état de juger des éléments mêmes de la définition, ou, si l'on veut, des assertions qui servent de prémisses aux conclusions de *Bacon*.

Lorsqu'un physicien lit un travail de physique ayant pour objet la description de faits et d'expériences, il se soucie médiocrement de savoir si l'auteur ajoute ou n'ajoute pas à la fin de son travail le résumé des résultats, ainsi que l'énumération des conclusions qu'il se croit en droit d'en déduire. Le lecteur au courant de ces sortes de matières sait fort bien ce que signifient les faits exposés; il ne juge guère les conclusions et les définitions d'après la manière plus ou moins lucide, logique et formelle dont sont coordonnées ces conclusions finales; mais il se demande, avant tout, si les idées qu'elles contiennent s'accordent ou ne s'accordent point avec les faits observés.

Considérées à ce point de vue, le seul qui soit admissible, les définitions de *Bacon* peuvent être justes dans le sens formel; mais ce que M. *Sigwart* y introduit de son fait est parfaitement faux. En effet, les conclusions de *Bacon* ne renferment aucune idée relative à la nature de la chaleur; *Bacon* cherche simplement à y faire entrer toutes les propriétés par lesquelles les corps aériformes, liquides et solides, exposés à la chaleur, *affectent nos sens*. Pour ce qui est du mouvement expansif dans l'ensemble, c'est-à-dire dans le changement du volume, *Bacon* ne l'avait constaté qu'à l'égard de l'air, à l'aide du thermoscope de *Drebbel*, mais non point à l'égard d'un autre corps quelconque soit liquide, soit solide, et dès lors *Bacon* n'a pu admettre la propriété dont il s'agit dans l'idée générale de la chaleur. Quant au mouvement opéré *dans les particules les plus petites sans augmentation d'es-*

pace, ainsi que l'admet M. *Sigwart*, c'est tout simplement une impossibilité, dans ce sens que l'existence d'un semblable mouvement n'est perceptible que par l'accroissement du volume, phénomène que *Bacon* n'a point constaté. Ce que *Bacon* entend, c'est l'état d'un corps qui entre en trépidation, en mouvement.

La prétendue définition de *Bacon* avec ces quatre différences embrasse les phénomènes suivants : accroissement du volume de l'air sous l'action de la chaleur, passage de l'eau à l'état de vapeur, ascension de l'air chaud, diffusion de la fumée, exsudation et conversion en fumée du bois enflammé et d'autres corps combustibles, ascension et mouvement intérieur de trépidation de la flamme, mouvement des molécules de l'eau au moment de l'échauffement et de l'ébullition de celle-ci, mollification des corps exposés à la chaleur, intensité de la chaleur dans le fer incandescent, dégagement de chaleur qui accompagne la dissolution des métaux, des acides, etc. — On le voit, ainsi que je l'ai dit, il n'y a dans tout cela pas plus de logique que dans une lettre de cachet.

J'ai soutenu et je soutiens que *Bacon* n'a pas eu la moindre influence sur l'étude de la nature de son époque et de la nôtre, parce qu'il n'a jamais formulé clairement et intelligiblement aucun principe scientifique général d'une portée quelconque, et qu'il ignorait complétement la véritable tâche de la science, ainsi que les moyens de réaliser cette tâche.

Il n'y a que l'homme établi dans l'enceinte même de la science qui soit capable de savoir ce dont elle manque, et quels sont les obstacles qui s'opposent à ses progrès ; lui seul peut exercer sur elle une action utile, lorsqu'il est en mesure d'indiquer ce qu'il faut faire pour vaincre les obstacles.

Ce n'est point avec des aphorismes, des maximes et des vérités triviales et surannées, comme en renferme le *Novum Organum,* que l'on fait avancer une science quelconque.

Lorsqu'on voit surgir un réformateur qui nous dit que nous sommes ignorants, crédules, inexpérimentés, superficiels; que nos tentatives sont aveugles et insignifiantes; que nous devons nous appliquer à l'expérience d'après *ses prescriptions,* nous affranchir de préjugés, éviter de nous faire illusion à nous-mêmes, et n'ajouter foi qu'à lui seul et à personne autre parmi ses prédécesseurs; lorsqu'ensuite ce réformateur nous prouve lui-même qu'il ignore complétement ce que veut dire une expérience, qu'il n'est pas en état de nous montrer, à nous autres les inexpérimentés et les victimes de l'illusion, comment nous devons nous y prendre pour nous amender, pour distinguer le vrai du faux ; lorsque ce réformateur est incapable de faire tout cela, puisque lui-même il ne se doute nullement de ce qui est la vérité, et qu'il la blesse à brûle-pourpoint partout où il le peut : alors nous avons évidemment le droit de le traiter de *dilettante* ignorant et effronté, qui n'eut jamais la moindre idée sérieuse de nous rien enseigner, mais dont tous les actes durent avoir pour but de tirer certains avantages des gens qu'il parvenait à mystifier. C'est ce qui fait que je ne vois qu'un véritable défi porté au sens commun, dans la prétention qu'affecte M. *Sigwart* en reproduisant son ancienne thèse, à savoir : « que l'on peut démontrer, de la *manière la plus péremptoire*, l'influence de *Bacon* sur toute la tendance de son temps, sur les idées relatives à la tâche et au but de la science, ainsi qu'aux mé-thodes capables d'y conduire ; que l'on peut également démontrer, de la *manière la plus péremptoire*, la part considérable qu'a eue *Bacon* dans le changement donné à la direction fondamentale de la science, et la place qu'il occupe en tête de l'époque moderne ; voilà pourquoi, ajoute M. *Sigwart*, j'ai soutenu que *Bacon* a exercé une action puissante sur l'époque où il vécut, ainsi que sur les époques subséquentes. »

VII

Je me fais fort, sans la moindre hésitation, de démontrer de la manière la plus claire l'influence que, pendant tout un siècle, *Descartes* a exercée sur la tendance des idées qui sont du domaine de la physique et de l'astronomie, et je crois que quiconque est versé dans l'histoire de la philosophie n'aura pas moins de facilité à prouver l'action de *Locke*, de *Spinosa* et d'autres éminents philosophes sur la direction de l'esprit humain, même en puisant les arguments de cette démonstration dans des passages d'écrits où les noms de ces hommes ne sont point mentionnés [1].

Au reste, M. *Sigwart* pense avoir découvert deux preuves matérielles en faveur de ses assertions ; l'un et l'autre de ces arguments sont fort instructifs. En effet, il dit : « M. *Liebig* ne dépréciera pas sans doute la valeur de la *Royal Society* de Londres, cor-

---

[1] Il est d'autant plus important de faire ressortir, ainsi que le fait M. de *Liebig*, la grande différence qui existe entre *Bacon* et *Descartes*, qu'elle est méconnue même par des hommes très-versés dans l'histoire de la philosophie, et qui, par leur enseignement professionnel, exercent le plus d'influence sur les études philosophiques de la jeunesse de notre siècle. C'est, par exemple, ce qui résulte des enseignements du savant et estimable professeur W.-G. *Tennemann* qui, dans son excellente *Histoire de la Philosophie*, attribue à *Bacon* et à *Descartes* exactement le même rôle, et qui les place au même titre à la tête du mouvement intellectuel qui créa l'époque moderne.

poration à laquelle *Newton* soumit ses travaux, à laquelle se rattachent les noms de *Halley* et de *Flamsted*, ainsi que la fondation de l'Observatoire de Greenwich, et dont ont fait partie une série des savants les plus célèbres. Eh bien, comment *Thomas Spratt* a-t-il jugé *Bacon* dans son histoire de la *Royal Society?* » M. *Sigwart* ne fait que mentionner ce jugement qui, au reste, est assez conforme à l'opinion répandue en Angleterre à ce sujet, et il croit très-sérieusement que j'accepterai le jugement de *Spratt* comme

« Deux grandes intelligences, dit M. *Tennemann* (*Grundriss der Geschichte der Philosophie*, 4ᵉ édit. Leipzig, 1825, p. 305), *Bacon* et *Descartes*, déterminèrent pour longtemps la direction de l'esprit humain. » Des erreurs de cette nature deviennent d'autant plus regrettables qu'elles ont plus de chances de s'accréditer et de se répandre, car l'ouvrage du professeur *Tennemann*, qui jouit d'une réputation aussi générale que méritée, est accepté comme guide, pour l'enseignement de l'histoire de la philosophie, dans la majorité des universités de l'Allemagne et de la Russie. P. T.

une preuve matérielle de l'influence de *Bacon* sur les sciences d'observation; c'est là une étrange croyance qui démontre seulement une fois de plus la divergence de nos points de vue respectifs.

L'évêque *Spratt* n'entendit absolument rien aux sciences d'observation, ce qui ne l'empêcha point d'être un fin matois, peut-être sans s'en douter : car il représente la *Royal Society* comme en majorité composée d'une réunion de niais ou de fous. Les niais auraient fait un règlement en vertu duquel on bannirait complétement des travaux soumis à la Société tout ce qui faisait le plus défaut à celle-ci, *c'est-à-dire les idées*. L'absence d'idées aurait été le seul titre à l'admission, et tout ce qui eût porté la moindre teinte de théorie aurait été, par cela même, exclu. La Société adoptait pour devise le : *Nullius in verba.*

D'après *Spratt*, les *fous* nommèrent un

curateur, espèce de mannequin salarié, tenu de faire à chaque séance des expériences nouvelles et instructives. Or, pour donner une idée de ce qu'une semblable condition a d'attrayant, je rappellerai que, lorsqu'à l'occasion de la réunion des naturalistes italiens qui eut lieu il y a quelques années à Milan, la municipalité de cette ville vota une somme de 10,000 fr. en faveur d'une expérience nouvelle (indépendamment de celles qui se faisaient aux cours publics), personne ne se présenta pour subir cette épreuve.

L'infortuné curateur ou secrétaire *Hooke* eut naturellement bien vite épuisé sa provision d'expériences, puisées soit dans son propre fonds, soit dans le fonds d'autrui ; en sorte qu'il fut dans l'impossibilité d'en fournir de nouvelles à chaque séance, ce qui se conçoit fort bien, puisque nous savons tous qu'il faut quelquefois des années pour parvenir à effectuer une expérience présentable. N'importe, les *fous* taxèrent leur curateur de paresse et d'incurie, et cherchèrent à le ramener dans la voie de ses devoirs en lui rognant ses appointements, ce qui, bien entendu, ne produisit pas le résultat désiré.

Quant à *Newton*, il est notoire que la *Royal Society* n'eut point le sentiment de ses travaux.

Il est donc fort curieux que M. *Sigwart* puisse me supposer capable d'accepter l'opinion de *Thomas Spratt* sur *Bacon* comme une *preuve matérielle*; et puisque, en effet, il n'a pu apporter une ombre de preuve à l'appui de ce qu'il avance, il faudra bien qu'il me permette de considérer ses assertions si péremptoires relativement à l'influence de *Bacon* sur les contemporains et sur la postérité, comme des phrases vides, surannées, auxquelles il n'y a pas lieu d'attacher la moindre importance.

Pour ce qui concerne la lutte avec la Scolastique, on n'a besoin que d'ouvrir les yeux pour reconnaître qu'elle existe et continue de nos jours exactement comme il y a trois cents ans ; l'opposition contre tout ce qui est nouveau est profondément du fait de la nature humaine, qui par elle-même est invariable.

D'après M. *Sigwart*, c'est surtout par l'*excitation*, l'*encouragement* et les *promesses* que *Bacon* a puissamment agi sur son époque et sur les époques subséquentes. Cette idée a été empruntée à *Goethe ;* seulement celui-ci l'a exprimée un peu différemment. *Goethe* dit : « On éprouve la plus grande satisfaction en présence des *excitations, encouragements et promesses de Bacon.* » Ce qui veut dire que ces excitations, encouragements et promesses produisent simplement une impression agréable, tandis que M. *Sigwart* en fait une puissante influence. Au reste, j'aurais seulement désiré que M. *Sigwart* eût ajouté à cette citation ce que *Gœthe* dit quelques lignes plus bas : « A l'aide de ces considérations, nous nous faisons fort d'expliquer l'origine du bruit que fit *Bacon*, nous ne dirons pas seulement en ne produisant aucune action utile sur son siècle et sur les sciences, mais encore en exerçant une influence plutôt préjudiciable qu'utile. D'ailleurs, comme sa méthode, si toutefois on veut lui en prêter une, est éminemment pénible (*hœchst peinlich*), ni lui-même, ni ses ouvrages n'ont pu fonder une école. »

Par ces dernières paroles, *Gœthe* a mis le doigt sur le point essentiel. En effet, sans faire école, personne ne saurait exercer une puissante action sur la science; et comme les idées réformatrices de *Bacon* ne sont autre chose que des aperçus, des aphorismes détachés, sans principe et sans but, et par là même nullement susceptibles de devenir un objet d'enseignement, aucune école n'a pu se grouper autour de lui.

La deuxième preuve matérielle que M. *Sigwart* qualifie d'argument des plus accablants contre moi est, à son avis, la suivante : « Dans la situation où il cherche particulièrement le mérite de *Bacon*, M. *Liebig se montre lui-même comme un baconien accompli.* » Selon M. *Sigwart*, M. *Liebig* procéderait à l'égard de *Schelling* et des modernes philosophes de la nature, accusés par lui de n'étudier cette dernière que dans les livres, exactement comme *Bacon* procède à l'égard d'*Aristote* et des Scolastiques. — « *Bacon* n'aurait donc fait, ajoute M. *Sigwart*, que ce que M. *Liebig* lui-même représente comme un moyen d'agir sur les hommes; c'est précisément ce que j'avais résumé dans ces mots : stimuler, encourager et promettre. Dès lors si, d'après M. *Liebig*, c'est renverser les images, comme elles le sont dans les illustrations faites pour les enfants, que de dire que, par des moyens semblables, un homme peut produire de l'effet, ce jugement ne s'adresse pas à moi, mais à celui qui l'a formulé de la sorte. »

M. *Sigwart* continue gravement le développement de ses conclusions en disant : « Et puisque M. *Liebig* produit sur les hommes un effet dont je ne vois d'autres causes extérieures que son mode de stimuler, d'encourager et de promettre, que sa critique acérée et étroite, et ses invectives à l'adresse des philosophes, il s'en suit que *Bacon* aussi a dû produire de l'effet sur son époque et sur les époques subséquentes. »

C'est là, dans tous les cas, une étrange conclusion sur laquelle je ne puis guère m'étendre davantage ; je me permettrai seulement de faire observer que j'ai soutenu exactement le contraire, savoir : qu'on ne saurait jamais produire un effet quelconque sur les hommes par l'usage de semblables moyens, c'est-à-dire, ni par la dépréciation et l'avilissement des autres, ni par de simples stimulants, encouragements et promesses.

J'ai lu les quelques mots de critique dirigés contre mon *Francis Bacon de Verulam*, par le docteur *Böhmer*, qu'à la fin de ses objections M. *Sigwart* cite en sa faveur. C'est un écrit bien faible, et qui me paraît plutôt une réclame pour un livre que l'auteur avait publié; il y mentionne entre autres la *Historia ventorum* de *Bacon*, ainsi que la loi de la rotation des vents que l'on y a fait entrer à toute force. Il est possible que quelque chose de ce genre se trouve en effet dans l'ouvrage dont il s'agit; mais prétendre qu'à Garhambury, *Bacon* se serait livré à des observations relatives aux vents qui soufflent en mer ou au milieu des continents, c'est se donner le plaisir de débiter gratuitement les choses les moins vraisemblables[1]. Je ne suis pas encore parvenu à dépister le livre auquel *Bacon* a emprunté les faits réunis dans son *Historia ventorum*; mais pour ce qui est de son *Historia vitæ et mortis*, on m'a positivement assuré que plusieurs des aphorismes qui y figurent émanent de l'école de Salerne, qu'au reste je ne connais pas d'une manière spéciale.

---

[1]. M. de *Humboldt* est en effet disposé à admettre (*Kosmos*, v. II, p. 322, 379 et 380) que, dans son *Historia ventorum*, Bacon avait entrevu la loi de la rotation des vents; de même qu'il pense (*Kosmos*, v. III, p. 20) qu'un passage, dans le livre II du *Novum Organum*, a trait à la théorie du mouvement de la lumière. Au reste, *Humboldt* s'empresse d'ajouter : « On est tout étonné de trouver cette heureuse idée dans un ouvrage dont le spirituel auteur était très-inférieur à son siècle en fait de connaissances mathématiques, astronomiques et physiques. » P. T.

PIÈCES JUSTIFICATIVES

I. Naturalis philosophia adhuc sincera non invenitur, sed infecta et corrupta : in Aristotelis schola per logicam; in Platonis schola per theologiam naturalem; in secunda schola Platonis, Procli et aliorum, per mathematicam.

II. Sed contra homines docti (supini sane et faciles) rumores quosdam experientiæ et quasi famas et auras ejus, ad philosophiam suam vel constituendam vel confirmandam exceperunt, atque illis nihilominus pondus legitimi testimonii attribuerunt. — Nil debitis modis exquisitum, nil verificatum, nil numeratum, nil appensum, nil dimensum in naturali historia reperitur. At quod in observatione indefinitum et vagum, et in informatione fallax et infidum est.

III. Nemo adhuc tanta mentis constantia et rigore inventus est, ut decreverit et sibi imposuerit theorias et notiones communes penitus abolere et intellectum abrasum et æquum ad particularia de integro applicare. Itaque ratio illa humana, quam habemus, ex multa fide, et multo etiam casu, nec non ex puerilibus, quas primo hausimus, notionibus, farrago quædam est et congeries.

IV. Quod si quis ætate matura, et sensibus integris et mente repurgata, se ad experientiam et ad particularia de integro applicet, de eo melius sperandum est. (*Novum Organum*, I, 97.)

V. Atque hac in parte nobis spondemus

fortunam Alexandri Magni : neque quis nos vanitatis arguat antequam exitum rei audiat, quæ ad exuendam omnem vanitatem spectat.

At ævis sequentibus Titus Livius melius rem advertit et introspexit, atque de Alexandro hujusmodi quippiam dixit : « Eum non aliud quam bene ausum vana contemnere. » Atque simile etiam de nobis judicium futuris temporibus factum iri existimamus : « Nos nil magni fecisse, sed tantum ea, quæ pro magnis habentur, minoris fecisse. »

VI. Sicut Columbus fecit ante navigationem illam suam mirabilem maris atlantici; cum rationes adduceret cur ipse novas terras et continentes, præter eas quæ ante cognitæ fuerunt, invenire posse confideret.

VII. Præsertim et cum nos promissores non simus, nec vim aut insidias hominum judiciis faciamus aut struamus, sed homines manu et sponte ducamus.

VIII. Occurret etiam alicui proculdubio,

postquam ipsam historiam nostram et inventionibus tabulas perlegerit, aliquid in ipsis experimentis minus certum, vel omnino falsum; atque propterea secum fortasse reputabit, fundamentis et principiis falsis et dubiis inventa nostra niti. Verum hoc nihil est : necesse enim est, talia sub initiis evenire. Simile enim est ac si in scriptione aut impressione una forte littera aut altera perperam posita aut collocata sit; id enim legentem non multum impedire solet, quandoquidem errata ab ipso sensu facile corriguntur. Itaque si in historia nostra naturali, quæ tanta diligentia et severitate, et fere religione, probata et collecta est, aliquid in particularibus quandoque subsit falsitatis aut erroris, quid tandem de naturali historia vulgari, quæ præ nostra tam negligens est et facilis, dicendum erit? itaque hoc, quod diximus, neminem moveat. (*Novum Organum*, I, 118.)

IX. Non enim penes eosdem est cultura scientiarum et præmium. Scientiarum enim augmenta a magnis utique ingeniis proveniunt; at pretia et præmia scientiarum sunt penes vulgus aut principes viros, qui (nisi raro admodum) vix mediocriter docti sunt. (*Novum Organum*, I, 91.)

X. Calor est motus expansivus, cohibitus, et nitens per partes minores. Per universas et singulas instantias, natura cujus limitatio est calor, videtur esse motus. (*Novum Organum*, II, 20.) Hoc autem maxime ostenditur in flamma, quæ perpetuo movetur, et in liquoribus ferventibus aut bullientibus, qui etiam perpetuo moventur. Atque ostenditur etiam in incitatione sive incremento caloris facto per motum; ut in follibus et ventis. Rursus ostenditur in extinctione ignis et caloris per omnem fortem compressionem, quæ frænat et cessare fecit motum.

XI. Ostenditur etiam in hoc, quod omne

corpus destruitur, aut saltem insigniter alteratur, ab omni igne et calore forti ac vehementi. Unde liquido constat, fieri a calore tumultum et perturbationem, et motum acrem, in partibus internis corporis; qui sensim vergit ad dissolutionem. (*Novum Organum*, II, 20.)

XII. Si in aliquo corpore naturali poteris excitare motum ad se dilataudum aut expandendum; eumque motum ita reprimere et in se vertere, ut dilatatio illa non procedat æqualiter, sed partim obtineat, partim retrudatur; procul dubio generabis calidum.

XIII. Inquiratur, qualia sint corpora, quæ modus gravitatis sunt susceptibilia, qualia, quæ levitatis; et si quæ sint mediæ, sive adiaphoræ naturæ?

XIV. Similiter utrum metallum, lanæ aut vesicæ inflatæ superimpositum, idem ponderet quod in fundo lancis?

XV. Veluti in lancibus ubi altera pars

trabis est longior (licet reducta ad idem pondus) an inclinet hoc ipsum lancem?

XVI. Quin et frons majoribus rugis sulcatus, melius signum, quam nitidus et explicatus.

Pili in capite asperiores, et magis setosi ostendunt vitam longiorem — crispi vero eamdem prænunciant si sint simul asperi. — Item si sit crispatio potius densa, quam per largiores cincinnos.

Caput, pro analogia corporis, minutius, collum mediocre — nares patulæ, — auris cartilaginea — dentes robusti longævitatem prænunciant.

Pectus latius, sed non elevatum, quin potius adductius; humerique aliquantulum gibbi et (ut loquuntur) fornicati; venter planus, nec prominens; — pes brevior et rotundior; femora minus carnosa; suræ non cadentes, sed se altius sustentantes, signa longævitatis.

Oculi paulo grandiores, atque iris ipsorum cum quodam virore — alvus juventute siccior vergente ætate humidior signa etiam longævitatis.

XVII. At contra ex iis qui libere et communi more vivunt, longæviores reperti sunt sæpenumero edaces et epulones, denique qui liberaliore mensa usi sunt.

XVIII. Media diæta, quæ habetur pro temperata, laudatur, et ad sanitatem confert, ad vitam longævam parum potest; etenim diæta illa strictior spiritus progignit paucos et lentos, unde minus consumit; at illa plenior alimentum præbet copiosum; unde magis reparat; media neutrum præstat — at diætæ uberiori convenit contra somnus largior, exercitatio frequentior, usus veneris tempestivus. — Itidem interdum jejunet, interdum epuletur, sed epuletur sæpius.

XIX. Jejunia frequentia mala sunt ad longævitatem : quinetiam sitis quæcunque evitanda, et servandus stomachus satis mundus, sed perpetuo quasi humidus. (*Op. sup. viscera.*)

XX. Subit etiam cogitatio de quantitate cibi et potus; eam in excessu nonnullo quandoque ad irrigationem corporis utilem esse; itaque et epulæ profusæ et perpotationes non omnino inhibendæ sunt.

XXI. Etiam ad calorem robustum spirituum facit venus sæpe excitata, raro peracta. (*Op. sup. spir.*, *etc.*)

Neque negligenda sunt fomenta ex corporibus vivis. Ficinus ait (neque id per jocum) Davidem contubernia puellæ, alias salubriter, sed nimis sero usum fuisse; debuerat autem addere quod puellam illam, more virginum Persiæ, oportuisset inungi myrrha et similibus, non ad delicias, sed ad augendam virtutem fomenti ex corpore vivo.

XXII. Itaque ipsissimæ res sunt (in hoc genere) veritas et utilitas : atque opera ipsa pluris facienda sunt, quatenus sunt veritatis pignora, quam propter vitæ commoda. (*Novum Organum*, 124.)

XXIII. Meta autem scientiarum vera et legitima non alia est, quam ut dotetur vita humana novis inventis et copiis. (*Novum Organum*, I, 81.)

XXIV. Superest ut de finis excellentia pauca dicamus. — Primo itaque videtur inventorum nobilium introductio inter actiones humanas longe primas partes tenere. Ea enim inventoribus divinos honores tribuerunt :—Rursus, vim et virtutem et consequentias rerum inventarum notare juvat : quæ non in aliis manifestius occurrent, quam in illis tribus, quæ antiquis incognitæ, et quarum primordia, licet recentia, obscura et ingloria sunt : artis nimirum imprimendi, pulveris tormentarii et acus nauticæ. Hæc enim tria, rerum faciem et statum in orbe terrarum mutaverunt. — Hominis autem imperium in res, in solis artibus et scientiis ponitur : natura enim non imperatur, nisi parendo. (*Novum Organum*, I, 129.)

Les Chinois connurent un siècle avant les Européens la poudre à canon, l'imprimerie et la boussole; en sorte que si, après leur introduction en Europe, ces inventions y acquirent une importance qu'elles n'ont point par elles-mêmes, c'est qu'évidemment l'esprit européen y ajouta un nouvel élément de valeur.

Nobis enim constitutum est experiri, an revera potentiæ et amplitudinis humanæ firmiora fundamenta jacere ac fines in latius proferre possimus. (*Novum Organum*, I, 24.)

XXV. Nam electrica operatio (de qua Gilbertus et alii post eum tantas excitarunt fabulas) non alia est, etc.

XXVI. Ejus sunt viri, qui quidvis in natura fingere, modo calculi bene cedant, nihili putet. (*Glob. int.*, cap. VI.)

XXVII. At philosophiæ genus empiricum placita magis deformia et monstruosa educit, quam sophisticum aut rationale genus; quia non in luce notionum vulgarium (quæ licet tenuis sit et superficialis, tamen est quodammodo universalis, et ad multa pertinens), sed in paucorum experimentorum angustiis et obscuritate fundatum est. Itaque talis philosophia illis qui in hujusmodi experimentis quotidie versantur, atque ex ipsis phantassiam contaminarunt, probabilis videtur et quasi certa : cæteris, incredibilis et vana. Cujus exemplum notabile est in chemicis, eorumque dogmatibus; alibi autem vix hoc tempore invenitur, nisi forte in philosophia Gilberti.

TABLE DES MATIÈRES

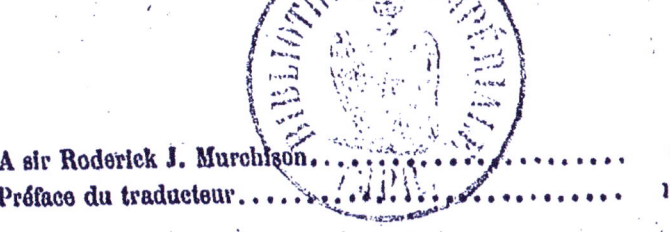

A sir Roderick J. Murchison............................ v
Préface du traducteur................................. ix

I

Importance de l'histoire des sciences d'observation. — *Historia naturalis* de *Bacon*. — Investigation des propriétés des corps. — Explication des faits. — Réfutation d'Aristote. — *Bacon* considéré comme expérimentateur. — Expériences *fructueuses* et expériences *lumineuses*. — Recette pour la fabrication de l'or. — Axiomes. — OEuvres scientifiques de *Bacon*. — Ses plagiats. — Accusations dirigées contre les savants. — Jugement de *Bacon* sur les savants. — Sa prétention aux récompenses... 1

II

Méthode inductive de *Bacon*. — Instances affirmatives et négatives. — Degrés de la chaleur. — Théorie des instances. — Méthode d'élimination. — Argumentation de *Bacon*. — Sa dialectique. — Recette pour la production de la chaleur. — Idées de *Bacon* relativement à la pesanteur. — Pesanteur et mouvement. — Qualités et quantités. — Faculté du sens de perception chez Bacon. — Investigation et phénomènes. — Doctrine de *Newton*. — Bacon, le naturaliste des *Amateurs*.... 48

III

Les sciences d'observation à l'époque de *Bacon*. — *Guido Ubaldi*. — *Simon Stevin*. — *Galilée*. — *Kepler*. — *Thomas Harriot*. — *Giordano Bruno*. — *Gilbert*. — Découvertes astronomiques faites à cette époque. — Bacon les ignore ou ne les comprend point. — Action préjudiciable exercée par Bacon sur le développement des sciences.. 80

IV

Bacon et le roi *Jacques I*er. — Échecs de *Bacon* sous le règne d'*Elisabeth*. — Sa position avantageuse sous *Jacques I*er. — Caractère vain et présomptueux de Bacon. — Manière dont *Bacon* sut exploiter les faiblesses de son souverain. — *Historia vitæ et mortis*. — Tendances honteuses de cet ouvrage et preuves d'ignorance et de mauvaise foi qu'il renferme................. 88

V

Buts que se proposent les sciences d'observation et voies qui y conduisent. — Manière dont *Bacon* envisageait la science. — Invention et science. — Méthode moderne de l'investigation. — Méthode des cas multiples. — Expériences servant d'auxiliaires à la logique. — Méthode empirique. — Doctrine utilitaire. — Invention et application. — Position de l'inventeur. — Attributions du savant. — Principes éthiques dans la science..... 103

Réponses de M. *Justus de Liebig* aux objections dont son écrit sur *Bacon* a été l'objet................. 133

Pièces justificatives......................... 263

FIN DE LA TABLE.

www.ingramcontent.com/pod-product-compliance
Lightning Source LLC
Chambersburg PA
CBHW060638170426
43199CB00012B/1599